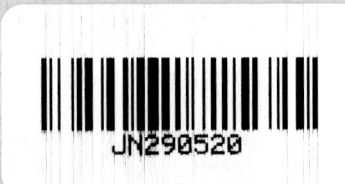

漢字で“チャット《おしゃべり》”

ケータイ・コミュニケーション
の新展開

前田 晃

文芸社

はじめに　「漢字を“書く”」から「汉字で“チャット”」

「新・千円札の見本？　ネット競売　中国人出品、40万円超」（2004年10月7日、asahi.com）、追いかけて「謎の『新千円札』オークションから削除　入札に99億円」（同）▼「焼き鳥が高く高く飛んで行く!?　中国木炭輸出禁止　価格転嫁の懸念」（ZAKZAK 2004/09/29）▼「中国で小・中・高校生1億2千万人の教科書の電子化プロジェクトが動き出す」（2003年7月22日付、読売新聞「デジタルひろば」）

中国からインターネットなどで日本に飛び込んできた“おやぁ！”と驚く三つの話題……。

「新・千円札」は日本から大量に輸出された古紙に混ざっていました。「木炭禁輸」と「教科書の電子化」は中国政府の森林資源対策によるものです。いずれも「紙」に絡んだトピックですが、東アジアの漢字文化圏でのコミュニケーションは、ツール（手段）の中心が「漢字を“書く”から“打って”チャット（おしゃべり）する」ペーパーレス時代へ転換する「前触れ」のような出来事に思えてなりません。

21世紀に入って漢字を取り巻く環境は、コンピューター・テクノロジーの日常生活への浸透とともに、「映像文字文化」の担い手として、目覚ましく「進化」しています。

爆発的に普及しているパソコン、携帯電話のキーボードにローマ字、拼音《ぴんいん》（中国語の表音表記)、かなを「打て」ば、難しい漢字も容易に“一発変換”表示されます。漢字ならではの「表語性」「表意性」の特性で、簡明に意思を伝達する「ケータイ時代」の寵児になって重宝がられ、携帯電話やインターネットから電波に乗って世界を飛び交っています。

第3のメディア「電子ペーパー」化の開発も進み、電子辞書の市場規模は書籍辞書をしのぎ、紙とディスプレー（コンピューターの表示装置）の長所を併せ持つ「電子書籍端末」や携帯電話にも自動翻訳コンテンツ（情報内容）のサービス機能を搭載、日本語、中国語、英語、韓国語をそれぞれ翻訳して音声でしゃべる“持ち歩ける”「携帯電話通訳機」なども2004年春以降、相次いで売り出されています。

言語文化の“革命”を彷彿させるような、“漢字で話す”ケータイ・コミュニケーション新時代の到来を物語る昨今の“漢字事情”です。

その「漢字」——中国でも日本でも「漢字は近代化の障壁」として疎まれ、20世紀の遺物にされようとしました。しかし漢字の運命は、コンピューターの出現と中国の「三大文字改革」などで蘇りました。21世紀のIT時代に、コンピューターと抱き合わせて多様な展開をしています。

本書は、「コンピューター、携帯電話時代の漢字論」(わが国を代表する魯迅研究家で、大東文化大学、丸尾常喜教授のコメント）です。と申しましても、漢字を研究する中国の「小学《しょうがく》」と呼ばれる学術体系には踏み込んでいません。

新中国の「三大文字改革」の検証を出発点に、日本など東アジア漢字文化圏諸国の21世紀に至る「漢字文化」の進化ぶりを幅広く探求しました。

日中友好・文化交流のひとつに中国語の“六十の手習い”を始めて十余年。「日本漢字」に慣れ親しみ、第2次大戦後の日本の漢字制限などの言語改革を体験した筆者にとって、同じ「漢字」でありながら、「中国漢字」の「簡体字」やその読み方の「拼音ローマ字表音」表記、「声調」変化に戸惑い、苦闘しました。

中国語のマスターは、なお道半ばですが、私なりに「実学主義」的に、コンピューター、情報通信機器をフルに活用し、日本漢字、中国の簡体字、拼音の変換もバッチリの「“電脳活用”21世紀　中国語学習法」の体験を綴りました。

原稿はすべてパソコンに文字を打ち込んで“書き”上げ、電子メールの「添付ファイル」で出版社へ送稿、校正をしました。

中国語ソフトを活用し、魯迅の「漢字廃止」語録など、引用の中国語文には「漢語拼音ローマ字表音」表記やカタカナ読みを並べて記し、日本人でもナマの中国語を読み、親しんで頂けるように心がけました。2004年夏に売り出された「日中・中日翻訳ソフト」で「テスト翻訳」も試みました。「日中略字比較一覧」なども紹介しています。

従来型の「書籍スタイル」に加えて「電子出版」も刊行します。

文芸社のホームページ「http://www.boon-gate.com」から『漢字で“チャット”』を検索しますと、パソコンの画面で本著と同じ内容を「購読」できます。

「只有学好汉语，才能理解中国 (zhǐ yǒu xuéhǎo hànyǔ, càinéng lǐjiě zhōngguó / ジーイオウ シュエハオ ハンユィ，ツァイノン リージエジョォングオ)」――「中国語学習」で耳にしたフレーズです。日本語訳では、さしずめ「中国語をマスターしてはじめて、中国を理解できる」となるでしょう。

「三大文字改革」で、例えば「“漢字 (ㄏ ㄢ ㄗ/ハン ズ＝注音字母)”から“汉字 (hàn zì / ハン ズー＝拼音)”に」表記されるようになりました。繁体字から簡体字へ――漢字の“字体革命”とされたほどの変わりぶりです。

「漢語拼音ローマ字表音表記」は、コンピューターによる漢字の「機械化処理」を容易にしました。

インターネット、携帯電話は、日常生活、ビジネスだけでなく、「漢字」を媒体に、日中文化交流の便利な“グッズ”としても愛用されています。

本書のカバー、題名「漢字で“チャット《おしゃべり》”」の周りに散りばめている「用汉字 yòng hàn zì」「上网聊天儿 shàng wǎng liáo tiānr」「电脑 diànnǎo」「短信 duǎn xìn」「手机 shǒu jī」の中国簡体字と拼音ローマ字表音表記は、「コンピューター (电脑)」と「携帯電話 (手机)」から送受信される「電子メール (短信)」によって「漢字で (用汉字) “チャット《おしゃべり》 (上网聊天儿)”」する「ケータイ・コミュニケーションの新展開」など、「進化する漢字文化」の諸相をまとめた「本書の内容」を端的に象徴する“装丁”です。

「漢字」を読める人口は、簡体字の中国の12億人をはじめ、字形、字体が異なる日本、台湾、韓国など東アジア漢字文化圏諸国に、世界に散らばる華僑社会を含むと20億人、全世界人口の3分の1にのぼっています。

また文字改革は、中国の経済発展を下支えし、2003年の国内総生産（GDP）は世界第7位、2004年の自動車の生産台数は世界第3位の「“汽車”熱大国」に成長しています。

中国が世界の生産工場、消費市場になり、簡体字の中国語がビジネス用語として語られ、「21世紀の国際語は中国語」になろうとしています。

さきのフレーズのように、中国語の検証を通じて、中国の歴史、文化、思想、ものの考え方などを理解して頂けるようなエピソードを随処に紹介しています。

中国の「IT大国」化ぶりの一端も、日本語を学ぶ中国の“親指姫”大学院生が国際メールで“チャット”してくれています。

本書が“進化する漢字文化”のナビゲーター役になれれば幸いです。

巻末に、参考文献、資料を付記し、『広辞苑』（第5版）、講談社『中日辞典』（第2版）、中国『新华词典』（2001年修訂版）を参照しました。

目　次

第1章　21世紀、いま「漢字」は
——現代化の動向

1.　世界の中で——IT時代の漢字

21世紀のいま、世界のなかで日常生活に「漢字」を使っている国・地域（エリア）は、日本と中国（台湾）だけで、その種類は日本の常用漢字、中国の簡体字、そして台湾などの繁体字（もとからの漢字）の3つです。字形、字意、字数はそれぞれのお国の事情で異なります。韓国ではハングルと一部を併用し、シンガポールなどでは中国語と英語を共用しています。

母語として共用する漢字文化圏内の人口は、世界人口の3分の1、20億人近くに及び、世界の言語（5,000から6,700くらいあると推定され、アジア太平洋地域は3,000）の中で最も多い言語とされていますが、使用されている国・地域の数となると、国連の公用語を形成している英語・フランス語・中国語（簡体字）・スペイン語・アラビア語のなかで最も少ない。事実上は東アジア「漢字文化圏」の地域的な言語でしかなく、21世紀初頭の「世界共通語」はアルファベット表記の英語といえましょう。

しかし、IT（情報技術）時代に、“爆発的”に普及した「携帯電話」は、漢字の「原点回帰」をもたらしました。少ない字数で意味が通じる「漢字」ならではの「表語性」「表意性」が、コミュニケーションの道具として、活躍の舞台を広げています。その典型が「漢字のクニ」の中国・日本で、世界を圧して展開されています。

「漢字のクニ」日本と中国で競う「IT大国」

2002年「中国IT白書」——固定、携帯電話加入者数は合わせて4億台に迫る巨大ネットワークに成長、通信網の規模としてはアメリカを抜いて世界1位、インターネット利用人口は5,910万人で、アメリカ、日本に次いで世界3位。中国で今最も注目されているのが、ショート、メッセージ、サービス(SMS)。その「便利さ、即時性、低価格」が、中国の携帯ユーザーに受け入れられており、「SMS社会現象」になっています。

日本の平成15年(2003年)度の総務省「情報通信白書」——携帯電話のインターネット対応率は世界1位(ネット利用人口は約6,942万人、人口普及率は54.5%、国民2人に1人)。内閣府の2004年3月末の消費動向調査でもパソコンの普及率65.7%、携帯電話は85.1%、インターネットの世帯普及率81.4%。

日中両国の「IT大国」ぶりの誇示は、とりもなおさず、世界言語の中で漢字の「存在感」がグレードアップされていることを意味します。

コンピュータが漢字の「機械化処理」を可能にしたことによるものです。その両者の“橋渡し”役は、日本では古来の「仮名」の存在、中国では三大文字改革で創設された「漢語拼音ローマ字表音表記」。これで漢字変換・機械化処理が容易になりました。

漢字の特性である表意性・表語性は情報通信機器でその「真価」を大いに発揮して、少ない字数で簡明に、効率よく対応し、コミュニケーションの“進化”につながりました。しかし、この半面、機械化処理によって「漢字は読めるが書けない」人を増やしていることも否定できません。

漢字は携帯電話にフィット

もともと漢字は「目で見る言葉」を書写（表記）する道具です。情報処理機器の中に取り込まれ、パソコンによる文書作成だけでなく、インターネットでのWWW（ワールド・ワイド・ウェブ、「世界に広がる蜘蛛の巣」という意味）機能による交信はもとより、携帯電話の画面に入り込んで躍動しています。

特に、片方の「手のひら」に乗る携帯電話にフィットし、「親指」で操られて、小さな画面に素早く表記され、メールの文意が簡明・スピーディーに読み取られています。

中国“親指姫”とチャット

電波に乗って、国境を越え、世界に広がる漢字——。昨今の「IT事情」のめまぐるしい展開は、「手書き、面談」をモットーにしてきた旧世代の筆者にとって驚きの連続です。

「携帯電話普及率85.1％」に抗して“携帯ノー”の片意地を通していては、取り残されてしまいます。識字（漢字を読める）率が人口の20％だった半世紀前の新中国建国時から世界の「IT大国」に発展した中国の「SMS社会現象」の実情を知ろうと、2004年4月、中国の知人（女子大学院生）に「eメール」し、日本と中国との動向を交換してみました。以下がその交信記録です。

親愛的好朋友、遼寧師範大学（中国・大連市）日本語学部2003級研究生　陶金さんへ

你好（こんにちは）！　久しぶりにお便りします。

2004年4月1日付の朝日新聞一面に「中高生　食卓でも携帯メール　4割『読む』、3割『送る』」と報じていました。「食卓は語る」の連載企画で、日本の最近の家庭での食事風景の一端を紹介した記事でしたが、1930年代生まれ、古い食事マナーを心得ている旧世代の私にとって、この日の「エイプリールフール」を連想するほどの驚きでした。

関連して「中国のケータイ（携帯電話）事情はどうだろうか」とお尋ねします。

お若いあなたは、中国の「親指姫」になっておられるのでは……。「漢字」はケータイの画面にうまく乗っていることでしょう。

あなたと知り合ったのは、「中国の大学生・院生『日本語作文コンクール』」の表彰式が2002年9月、北京大学で行われた時でした。第9回と第10回にあなたの作文が最優秀賞を受賞され、私も作文コンクールにささやかなお手伝いをしていたご縁からでした。

あなたの受賞作文「祖父と私の夢」（本章末に概要記載）を読んだ感動は今も忘れません。その後、あなたが遼寧師範大学院日本語学部に進学され、日中友好の高い志を

堅持され、さらなる日本語研究に励まれておられることを知り、大変うれしく、敬意を表しております。

メール交信を始めた2年前は「文字化け」に悩まされたことがしばしばありました。航空郵便なら早くて1週間を要していた文通がメールなら瞬時に、しかも安い通話料ですむ。そして、近頃では、中国・簡体字、日本・漢字とも「文字化け」することなく、正しく画面に表示されるようになってきました。

中国IT白書に見る携帯電話の爆発的な普及や「SMS社会現象」など、日本に優るとも劣らない近況では、と想像しております。

また、3月31日付の新聞には「電子辞書の普及　先生に戸惑い　便利すぎて生徒の予習おろそかに」の記事、3月30日のＮＨＫ総合テレビの番組「おはよう日本」に「電子書籍」が紹介され、出版社10社がインターネット配信で4月からサービスを開始、「ケータイ読書」の普及を目論んでいると放映されていました。

3月29日付の朝日新聞「ブロードバンドシンポ　コミュニケーションの進化」特集には「携帯が出てきた時、電話と思っていたら読み書きの道具になっている」とか、「日本の子どもが夢中になったアニメを世界中の子どもが共有して『ピカチュウ』が世界共通語になった」。或いは「日本でインターネット利用者が1億人を超え、iモードに代表される移動系が6,800万人。うち双方向コミュニケーション、テレビ電話向きのブロードバンド利用が1,400万人……」など、識者は「情報共有、広がる可能性」とコミュニケーション進化論を語っています。

さらに、「情報通信白書」には「e-Japanなる戦略を掲げ、2007年には低廉、高速なブロードバンド、ＩＰ電話利用時代に移行、日本は世界のフロントランナー（先導役）を目指す」と記され「ユビキタス」の頭文字「U」を引用して「U-Japan戦略」なる造語も。

ほかにも「携帯でTV放映」(4月8日付)、「日本語メールをハングルに変換　携帯向けに新サービス」(2月27日付）などなど。

中国のアヘン戦争、日本の明治維新に伴う西欧文明との接触以来「漢字」は近代化を阻む障壁として100年余も悪玉にされ、不遇をかこってきましたが、21世紀の漢字は、パソコン、さらには携帯電話の中にまで入ってきて“大切”にされるようになりました。

「隔世の感」です。

電子辞書、ケータイ書籍、翻訳など電子機器が広く普及、活用されるようになると、東アジア漢字文化圏で、語学学習はもとより「ことばの障壁」も緩和され、漢字文化の相互理解、友好親善交流が一層促進され、将来の「AU」アジア共同体化にも明るい展望が開けてくるようになるでしょう。

中国の最新事情とご感想をお聞かせください。

お元気で、学業向上を祈ります、再見（さようなら)。

2004年4月25日　前田　晃

前田　晃様

メール、どうもありがとうございました。お尋ねの「携帯電話」は、中国でも爆発的に普及しました。朝日新聞の「食卓は語るケータイ」の模様は中国でも同じです。もう私たち中国の若者の日常生活に切り離せない大事なものになりました。

それに伴って、「親指族」という「新々人類」も登場しました。

大学院1年生の私は、その中の代表的な「親指姫」の一人だと思います。明るい性格の私は、よくケータイで友達とおしゃべりをしたり、メールを交換したりします。中国では、電話をかける方も受ける方も、両方とも携帯電話代がかかるので、若くて、お金が少なく、頭の回転と指の動作が速い若者の私たちはケータイを通して「指で話す」メールが、電話で話すよりもっと好きです。

携帯電話のことを中国語では「手机（shǒujī, ショウジー）」といいます。「机」は日本漢字では「つくえ」ですが、中国語では「機械」、つまり「手の機械」。ケータイ的意味表現でしょう。チャット（おしゃべり）は「上网聊天儿(shàngwǎng liáo tiān rシャンワンリアオティエンァ)」、つまり、上网(インターネット)をアクセスして聊天儿(世間話をする）です。

私は、1ヵ月で600通以上のメールを出したことがあります。多い方の特例かもしれませんが、私の友達も毎月200通以上のメールを出します。それほど、現在の中国では「親指族」が日増しに増える一方です。

「漢字で話す」ことは十年前の中国では想像できないことですが、今では、ケータイのお陰で、もう私たちの日常のことになりました。

私は、中国の「親指姫」の代表のような"ケータイ族"です。私の1ヵ月の電話代は200元（筆者注：1元は日本円で13円）、ほとんどがケータイ料金で、月平均の生活費の2割を占めます。

大学周辺にインターネットカフェが沢山あります。どの店も中国製などのパソコンを50台前後、大きな店では70台も用意しております。「Windows2000」に対応していますが、日本語フォントを使えるパソコンは多くありません。使用料は、中国語のパソコンは1時間で2元、日本語だったら3元。会員になって、専用カードをもらえば、少し安くなります。

インターネットカフェの客はほとんど若者です。今、ネットゲームは中国ですごくブームで、子供と若者に大人気です。

「文字化け」受信はほとんどありません。前田さんなど日本からのメールも文字化けすることなくきれいに頂戴しております。私からの送信は、頂いたメールを開いて「返信」をクリックする方法で文面を送信しています。この方法だと、メールアドレスの入力ミスもなく、送受信同じフォントで文章も化けることはないと思います。

先日、IT関係を検索したところ「SMS社会現象」について「新浪網（中国三大ポータブルサイトのひとつ）：電信関連調査、SMSの利用者12%」の記事がありました。

ショート、メッセージ、サービス（便利さ、低価格）は魅力です。

また、「中国：04年の携帯市場は女性向けが主戦場。女性向け端末の市場規模は700億元、中国IT最大手の聯想の携帯事業の聯想移動公司は香水携帯電話を発表、女性の志向、ニーズを摑む新機種開発に取り組んでいる」とＰＲしています。

電子辞典は「英漢辞典」が学生に使われています。しかし、中国語専用、日漢の電子辞書はまだ普及していないようで、店ではなかなか見当たりません。

私たちは漢字の魅力をつくづく味わえる世代ともいえると思います。若い世代の中国人としてお便りを読んで、漢字文化、漢字の進化発展に関心を持ち、素晴らしい漢字文化がもっともっと盛んになるよう頑張らなければならないと痛感しました。

またメールを致しましょう。お体を大切に、元気でお過ごし下さい。

2004年5月1日　陶金

「ユビキタス（ubiquitous）」とは「ケータイ時代」の到来を告げる“旬”の言葉です。語源は「至るところに存在（遍在）する」という意味のラテン語です。

インターネットなどの情報ネットワークに「誰でもいつでも、どこからでもアクセス（利用）できる環境」を指します。アクセスに伴う端末は、パソコンや携帯電話に限らず、冷蔵庫や電子レンジなどの家電製品、自動車、自動販売機などもインターネットで結びつき、これら情報端末間のケーブルには無線LANや無線ネットワークでもつながります。

「親指世代」とは携帯電話を必携とする日本の若者を指し、ニューヨークタイムズの東京特派員が「親指世代」と名付けて、日本の「ケータイ・コミュニケーション」新時代の到来ぶりをアメリカに伝えた、とか(朝日新聞社刊『知恵蔵2004』)。「親ユビ」を原動力に携帯電話のキーボードを素早く操作し、おしゃべりする、ネット世界と文字との奇妙な結びつきは「漢字で話す」時代を象徴し、中国の「親指姫」の呼称とともに愛される出来事かもしれません。

漢字の国際化・字体共通化への模索

「北京五輪が開かれるころ(2008年)、国境を越えて同じ漢字が使える。そんな夢が実現するかも」――21世紀初年の2001年、朝日新聞文化面の年間企画「ニッポンのことば」シリーズの「第4部　漢字文化圏の未来④」には、「文字統一の夢」のタイトルで「情報共有に向け7万字コード化」の見出しで新世紀の漢字文化のさらなる“進化”を予測するような記事が掲載されていました。

漢字の国際化・字体統一・共通化への模索です。

その「国際化」のひとつの扉は「文字コード」で開かれたといえましょう。「漢字の機械化処理」については、本書「第2章　漢字を起死回生させた“電脳”」で詳述します。

つい20世紀末までは、例えば、日本と中国とで電子メールをやりとりする場合、相手の国では意味不明の文字を羅列して(いわゆる「文字化け」)表示されるという難点が指摘されていました。

「漢字」といっても、字形、字意、字数が日本、中国(台湾・香港地域を含む)や韓国、シンガポール、ベトナムなどで異なります。それぞれの国や地域の文字や記号ごとに背番号のような「コード（符号）」（日本ならJIS、中国GB、台湾BIG5、韓国KSC、ベトナムTCVN）が振られています。従って、漢字をコンピュータやインターネットで利用するには、それらを一元的に処理し「文字化け」を解消することが、漢字国際化のために焦眉の急となっていました。

それが21世紀になって、漢字文化圏諸国の情報共有に向けて7万余にのぼる漢字の「統一コード」化が実現しました。

世界中の文字や記号の規格化を推進している国際標準化機構（ISO）の漢字連絡会（IRG）が行ってきた、日本、韓国、朝鮮民主主義人民共和国、中国、香港、台湾、ベトナム、シンガポール、米国などを含む国際会合の10年余にわたる活動の成果です。

先に紹介しました筆者と中国の“メル友”との国境を越えての「電子メール」交信のように、いまでは日本漢字、中国簡体字とも「文字化け」することはなくなってきています。

もうひとつの漢字の「字体統一・共通化」は、1991年11月、日本、中国、韓国、台湾の国語学者によって設立された「国際漢字振興協議会」によって10年来進められています。「英語圏」に対する「漢字圏」の国際的地位の向上を図ろうと、東アジア諸国に「共通的に通用できる」統一常用漢字を導入しようという試みです。

これまでの研究討論で、異なった漢字形体の中から共通点の探求を続け、漢字の形状や構成・保存・普及・国際化について共通の認識が深まっています。そして、「漢字共通化の字体は康熙字典《こうきじてん》体で」との日本代表の日本漢字教育振興協会理事長、石井勲・教育学博士（2004年11月4日逝去）の提案に中国、韓国の代表も概ね賛意を表明し、それぞれの国ごとに共通化する漢字を具体的に選定して持ち寄ることを決議していました。

その後は、具体的な合意を見ることなく、「国際漢字振興協議会」の動向は“足踏み”状況が続いており、「北京五輪まで」の当初の目標は無理でしょう。「字体統一」には、それぞれの国の行政上の事情もあって、なお「地固め」の年月が必要のようです。

簡略字「衰退」、本来の漢字「復活」傾向も

一方、「字体統一」の論議をよそに、「現代」漢字の動向は、次々に開発される情報通信機器の優れた機能で、「コンピューターは簡略字を衰退させ、本来の漢字を復活させる」(作家、丸谷才一さんの「文芸春秋」2004年5月号「日本語が危ない」の寄稿から)傾向が目立ってきています。第2次世界大戦直後は、中国、日本でも「簡略化」が主流でしたが、それに伴い漢字ならではの「表意性」が字面から消え、また、字体・字形が国によって異なり、意味が通じ合えないデメリットが生じていました。

漢字には例えば、「氵」「疒」などの「意符」があります。「ひと目」で「一語」で、水や病気に関係ある字の大まか な意味を類推させてくれます。

携帯電話の画面に、少ない字数の入力ですみます。英語やカタカナ表記のように多くの字数を打たずに意思の疎通を図れます。例えば中国では、メールアドレスは「邮箱(yóu xiāng／イオウ シアン＝郵箱)」といい、電子メール(e-mail)は「短

信（duǎn xìn／ドアン シン）」です。

さらに、パソコンで簡体字—拼音、日本漢字—かたかな、簡体字—繁体字—日本漢字など相互の「一発変換」も、ルビも容易に付けられ、「読む、見る」さえすれば、「表記」は機器任せ。難しい字画の多い漢字も筆順も心配無用です。

各国の「漢字事情」を以下で記述しましょう。

［注］康熙字典《こうきじてん》とは、1716年、清朝（中国）康熙55年に勅命により刊行され、47,000余の漢字を収めています。漢字文化圏諸国で最も権威あるとされた字書で、世界の文字にない漢字の特性である表意性、象徴性を反映した字体です。中国の「簡体字」に対して「繁体字」と呼ばれ、台湾、韓国ではいまも「正字」として使われています。

2. 中国（台湾）で

21世紀がスタートした2001年1月1日、漢字の本家・中国で「国家通用語言文字法」が施行されました。

全国共通の言語は「普通話」、文字は（簡体字が）規範文字である——と、中華人民共和国で使われる「ことばと文字」は「かくあるべし……」との基本理念を全2章17条にうたっています。

文字改革をして半世紀、罰則はないものの、憲法に基づく法律を改めてまでして制定したポイントのひとつには、「普通話」がこれまでとかく「漢語」の共通語であったのを、中国全体の「国家通用語」として、改めて認識させる点にあったこともうかがえます。コンピュータによる文字処理の広がりやインターネット社会実現をも踏まえてのことでしょう。

識字率は全人口の90％に

中国の公式統計で文字を読み書きでき、意味を理解できる人口比「識字率」は、21世紀には10人に9人にまで上昇しました。1949年の建国当時は、10人のうち2人でしたが、中国の人口統計から識字人数を換算、推定してみますと、1億800万人（1949年の人口5億4,167人）から11億5,607万人（2002年12億8,453万人）と10.7倍に増えています。

新中国になってからの急激な人口増もさることながら、漢字をわかりやすい簡体字にしたことが、識字率を高め、ひいては今日の経済、文化の発展につながり、国際的地位を高める原動力になったといえましょう。

一方で、簡略化された新字体（簡体字）への抵抗、反発も強くなり、例えば、「私」を「ム」とし、「雪」を「ヨ」とするなどの第二次漢字簡略化方案は不評で廃止されました。

均整のとれた美術的な旧字（繁体字）への郷愁も捨てがたく、1990年前後から名刺や商店の看板に繁体字が描かれるなど、“繁体字回帰”現象が起きています。

国家言語文字工作委員会主宰の「語言文字報」は、看過しておけば、建国以来の「言語政策の成果」を否定しかねないと、繁体字ブーム批判のキャンペーンを展開しています。

「漢字廃止政策」の放棄

21世紀の中国の言語政策ともいえる「国家通用語言文字法」は、新中国の建国当初からの「言語政策」の前提だった

「ゆくゆくは漢字を廃止し、表音文字化する」方針をなし崩しに放棄したような画期的な政策転換ともいえましょう。

表音文字（ローマ字）化は、この法律に先立って既に中止され、拼音は文字ではなく、漢字の補助的表音表記法と位置付けられています。

教育部（日本の文部科学省に相当）と国家言語文字工作委員会は、この法律に則した、中国で使われる「ことばと文字」の全国浸透の目標期限を2010年に設定して、国家、学校教育機関はもとより、マスコミ、商工業、公共サービス、情報技術の企業などを規範的重点領域として厳格に守ることを求め、「情報処理と情報技術製品」で使われる言語・文字もこの法律に合致しなければならないと規定しています。

「読み」重視、教科書の電子化も

注目される動向として、小学校の国語教育も変化しています。「読み」を重視し、大量の音読によって拼音教育を少なくする新教材への移行（中国情報局発信のインターネット「中国情勢」）が進んでいます。また、「教科書の電子化」も決めており、日本の松下電器は、中国市場を射程に入れて電子ペーパー開発に取り組む（朝日総研リポート「AIR21」2004年9月号）などと伝えています。

義務教育の普及、経済の急成長などで、先進国並みに増える紙の消費量を抑え、森林資源を守るためとかで、やがて、情報機器の画像に映し出される「漢字」を見て（読んで）学習する授業風景が中国の学校で繰り広げられるでしょう。

台湾では繁体字

台湾で使われている漢字は、「繁体字」です。複雑な字体、字形だけでなく、発音の表記も違います。

中華民国時代からの注音符号がいまも使われ、ローマ字表記でも台湾独自の「通用ピンイン」（例えば「中国」は「Jhongguo」と表記）が考案され、1997年には台北市で採用、一部で地名や道路の表記もこれに変わりました。法令・新聞・書籍の文章は縦書き（中国大陸は簡体字で横書き）です。

しかし、大陸などとの経済・文化交流が進み、中国本土と同じ方式の表記を求める声もあり「中・台文字表記論争」が起きるなど揺れています。「台湾」の表記も簡略字の「台」が使われ、繁体字の「臺」ではありません。

簡体字と漢語拼音ローマ字表音表記は世界各地に手広く活躍する華僑の間にも受け入れられ、中国語の「共通語」として国際化が進んでいます。

3. 日本で——高まる漢字制限の見直し論

漢字文化圏の中で日本は、万葉の昔に中国から「外来文化」として、視覚に訴える“表意性”の漢字を受け入れ“表音文字”の仮名を開発、独特な「漢字仮名交じり」の日本語に発展させました。世界で最も効率のよい優れた表記法であると欧米でも評価されています。

その「日本漢字」は、康熙字体、俗にいう「繁体字」で通用していましたが、1946（昭和21）年11月に、まず「当用漢字」1,850字（1981年に「常用漢字」に改称、1,945字に）が公布され、日常使用する漢字の範囲が定め（制限）られ、簡略化された500余の新字体の漢字が生まれました。

日本独特の漢字の「訓」読みも制限され、歴史的な仮名遣いは実際の発音に近い「現代仮名遣い」になるなど、戦後の言語政策はめまぐるしく改定されました。

日本と中国で、改革は時期的に相前後して取り組まれたものの、半世紀に及ぶ展開で、占領軍の圧力を取り繕ったような日本に対し、社会主義国家建設の必要から最重要の国策として取り組んだ中国とは、それぞれの政治、社会、歴史、教育、文化の差異によって、その趣は違っています。

21世紀になっても中国は改革の理念を堅持、浸透を図っているのに比べ、日本は新世紀になって、戦後の言語施策、なかでも「漢字制限」見直し論がことのほか、かしましくなっております。

加えて、「ゆとり教育」とかで、学校に週休二日制導入や2002年度実施の学習指導要領で国語の授業時間を減らすなど“不定見”な文部行政から、日本の子どもたちが「文章を読み、論理的に考え、表現する能力」は落ちてきています。

経済協力開発機構（OECD）が2003年実施の国際的な「学習到達度」調査（41カ国・地域の計約27万6千人の15歳を対象）のうち「読解力」では、日本は前回（2000年）調査の８位からに14位に低下しています。

この調査結果を受けて、2004年12月９日付の朝日新聞は「いまこそ日本語を」の見出しの社説を掲げ、「国際社会を舞台に他国の企業と競うのも、外交も、英語の前にまず日本語である。自分の国の言葉でしっかり考え、他者の言葉を受けとめ、自分の考えを表現する。価値観が多様化し、国際化が進めば進むほど、日本語の力は重要になってくる」と“危機感”すら訴えるような指摘をしています。

「これからの時代に求められる国語力」

“声高”になっている「漢字制限見直し論」に符節を合わせるように、文化審議会は2004年2月3日、「これからの時代に求められる国語力」について河村健夫文部科学大臣に「ゆとり教育」に真っ向から挑む大胆な内容の答申をしました。「これから」を価値観の多様化、都市化、少子高齢化、国際化、情報化などの時代と位置づけ、外国人と、世代を超えて、或いは情報機器を通して意思疎通を図るには、これまで以上の国語力を必要とし、「考える・感じる・想像する・表す」力、言語を中心とした情報処理、操作する能力も、母語である国語の能力の大きさがすべての基盤、文化の中核である――と国語の果たす役割と重要性を強く再認識して、国語教育を見直し、「読む」と「書く」に指導の重点を置くように提言しています。

そのなかで漢字に関して、小学校で習う教育漢字（2004年現在1,006文字）を倍増、小学6年で常用漢字1,945字の大体を読めるようにするのを目安に、授業時間を増やし、漢字に触れる機会を多くするため、教科書で「心ぱい」「こっ折」などの交ぜ書きをやめ、「心配《しんぱい》」「骨折《こっせつ》」のように字のそばに読みを振る「ルビ」の活用を提唱しています。

漢字と仮名の交ぜ書きやめ、ルビ復活

戦後の漢字制限がもたらした「常用漢字と表外漢字」「漢字と仮名の交ぜ書き」「新聞の漢字と字体の表記」「代用漢字（同音の漢字による書きかえ）」「人名漢字」……など“その場繕い的”な言語表記は、近年、多岐にわたって見直され、制限漢字使用の緩和、「ルビ」の復活など、新聞、雑誌で目立つようになってきました。

名前に使える「人名用漢字」も「戸籍法施行規則」の改正で、2004年９月27日から、「苺」「遥」「煌」など488字が新たに加わり、人名に使える漢字は、常用漢字も含め計2,928字になりました。

「１字種１字体」の原則が崩れ、これまで「許容字体」として暫定的に使用を認められていた205字も格上げされ、常用漢字と旧字体いずれでも人名に使えるようになりました。ただし、JIS（日本工業規格）漢字の第３水準の部類で、パソコン、携帯電話にこれらの漢字は未搭載で、画面に簡単には出てきません。ウィンドウズでも搭載は2006年以降とか。

戦後の国語施策で使用が認められたのは当用漢字1,850字、人名用漢字92字でしたが、数次にわたる改正で、1,000字近くも使用制限が緩和され、使える漢字は大幅に増え、選択の幅が広がってきました。

しかし、区別の難しい字や情報処理機器との対応など、1981年の「常用漢字表」から四半世紀経た今日、「日本の漢字政策そのものが問われてきている」と朝日新聞は解説しています。

2002年9月、小泉首相の朝鮮民主主義人民共和国（北朝鮮）

訪問で、北朝鮮による日本人「拉致」問題がクローズアップされました。その「拉致（無理に連れて行く）」の「拉」という漢字は、日本では常用漢字にない難しい字(表外字)として、新聞紙面では、数年前まで「ら致」と漢字と仮名の交ぜ書きで表記されていました。

「拉」は日本漢字音の漢音では、歴史的仮名遣いは「ラフ」、現代仮名遣いは「ロウ」、慣用では「ラツ」、従って「拉致」は、本来は「ラッチ」ですが、「ラチ」と読み慣わしています。中国では、ドアに「拉」と表示されているのをよく見かけます。「拉（lā/ラー）」と読み「引く」「引っ張る」意味で正字として通用しています。

熟語でも「表外字は使わない」のを原則にして「拿捕は“だ捕”に」、「熾烈は“し烈”に」などのように疎んじられていました。

漢字の熟語はすべて漢字でないと読みづらいものです。そこで、ルビをつけてあえて難しい表外字を使ったり、交ぜ書きを避けて、やさしい表外熟語の字を使ってきました。例えば「瀆 職は“とく”職」としないで「汚職」に、「編輯は編“しゅう”」とせず「編集」にするなどの「置き換え、言い替え」案が採用されてきました。

さらに、新聞用語懇談会は、世間でよく使われる表外字39字を選び、常用漢字並みに扱うことにしたのです。表外字を含む熟語のうち「僧侶」「旺盛」「斬新」など23語はルビなし表記に、「ら致から拉致へ」はその典型でしょう。「迂回《うかい》」「冤《えん》罪《ざい》」「真摯《しんし》」など16語はルビ付きで使うことに改正されました。

代用漢字も

朝日新聞では、2004年4月から、それまで使っていた代用漢字「委縮」「憶病」「貫録」「奇弁」「橋頭保」「芳純」「泡末」の７語を廃止し、紙面では「萎《い》縮《しゅく》」「臆《おく》病《びょう》」「貫禄《かんろく》」「詭《き》弁《べん》」「橋頭《きょうとう》堡《ほ》」「芳醇《ほうじゅん》」の字体をルビつき表記にしました。「泡末」はもともと朝日だけが使っていたそうです。

日本新聞協会用語懇談会では７語のうち「奇弁」「橋頭保」「芳純」の３語は加盟各紙一致して廃止、「委縮」「憶病」「貫録」は使用継続と廃止の両論に分かれました。「読みやすく効率的な表記と、正しく美しい日本語との間で、一般の認識や実態に合わせた漢字表記の検討を続けてまいります」と朝日新聞社用語幹事の依田昇さんは伝えてくれました。

若者に受けて「復権」する漢字

日本ではちょっとした「漢字ブーム」です。13万文字が使えるパソコンソフト「超漢字」が2ヵ月で5万本売れ、文部科学省認定の「日本漢字能力検定」の受験者数は2003年度200万人（96年度は約85万人）に急増、大学生以下の若者が70～80％を占め、各地で試験が行われています。パズル雑誌の「漢字パズル」は若者に人気があり「四面楚歌」とか「五里霧中」など四字熟語のクロスワードパズルに夢中になっています。パソコン、携帯電話の普及で、若者の間でも「効率よく、正確に、速く」処理するのに漢字の知識が必要になっており、こうした現象は「衰えることなく益々盛んになるだろう」と漢字能力検定協会は話しています。

難しい漢字も“一発変換”

このような傾向は若者に限らず、文化庁が2004年1月〜2月に行った「国語に関する世論調査」にも顕著に表れ、「常用漢字以外の難しい漢字を使うことに抵抗感が薄い」ことなどが明らかになりました。

「社会の変化と言葉のかかわり」を調べる目的で1995年から毎年、全国16歳以上の男女3,000人を対象に、70歳以上まで年代ごとに個別面接形式で実施しています。今回の調査(回収率73.5％)ではパソコンや携帯電話など、仮名を簡単に“一発変換”できる情報機器の「普及」がもたらした結果だと同庁国語課は見ています。

難しい漢字の最もよい表記法では、「ルビを振った漢字書き」の支持の回答が「漢字仮名との交ぜ書き」より総じて高く、「ルビがあれば読めない不安もない」からと分析しています。

一方、情報機器の普及の言葉への影響では、「漢字が書けなくなる」不安の回答が60.9％あったなど、回答者の78.9％が「影響がある」と感じています。

また、例示した語句を本来の意味で理解している人は20％以下で、慣用句の中には「誤用」の方が普及しているものもあることも分かりました。

情報機器の発達した今日、書ける漢字より読める漢字を大量に増やすことが必要になっているといえましょう。

4. 朝鮮半島で

韓国、朝鮮民主主義人民共和国(北朝鮮)とも民族独自の表音文字「ハングル」を誇りに漢字を捨てていた朝鮮半島で、近年、表意文字「漢字」を見直し、復活論がにわかに高まっています。朝鮮半島に国際交流の大きなうねりが押し寄せたため韓国では中国との経済、文化の面で「中流・韓流」のことばが流行語になり、北朝鮮では政治体制維持に漢字の“隠し味”でもあった儒教を活用しようとするなど、漢字は“ことば”以上に切迫感をもって再び活かされようとしています。

朝鮮半島は古代、漢字文化（儒教、仏教、律令など）を中国から日本に伝えた通過コース、先進地でもありました。ゆえに朝鮮固有の表音文字であるハングル（李朝第４代の世宗が1446年に公布した「訓民正音」で定めた国字。初めは28字あったが、今は24字。音節単位で組み合わせて用いる：『広辞苑』）は日本語以上に漢字語の影響は強く、一般文書の語彙の約70％、公文書では90％以上が漢字語（日本語は40％）とされております。

第２次世界大戦終結後、朝鮮半島は南北に分断、独立しましたが、ともに日本の侵略統治の皇民化教育で押し付けられた漢字への反発もあって、朝鮮民主主義人民共和国はいち早く漢字を廃止、韓国も建国直後の1948年、「ハングル専用法」まで制定し、70年代には公文書や街頭から漢字はほとんど姿を消しました。

「漢字併用」——大統領の指示

漢字復活は韓国では大統領の指示で進められ、盧泰愚大統領が経済不況を表面的理由にして、世界でも珍しい国字公布の日を記念する「ハングルの日」を公休日からはずし、ハングル啓発運動に水を差しました。ついで金大中大統領が99年2月の閣議で「漢字を無視すれば古典や韓国の伝統文化は理解できない」と指摘「公文書はハングル専用」と規定した法律を改正し「漢字併用」推進の“音頭”をとりました。

2002年の韓日共催のW杯サッカーを機に、地下鉄の駅名や道路標識には、ハングルや英語のほかに漢字表記が加わりました。

朝日新聞や朝鮮日報に見る21世紀の「中国・韓国関係」は——

2003年、韓国からの海外輸出の18％は中国（351億ドル、前年比48％増）、米国を抜いて最大の輸出先。海外投資の46％が対中国。韓国を訪れた中国人観光客は19万人（96年比6倍）。

韓国南部・済州島の焼肉店では「烤牛排骨（骨付きカルビ焼き）」、「烤甘鯛（焼きアマダイ）」などの中国語表記を加えたメニューを新調、看板も漢字表記。韓国から中国への留学生は、3万6千人、ここ3年間で倍増、世界各国から中国で学ぶ海外留学生の48％を占め、国別でトップ。

朝鮮日報の社説は「中国が咳をすると、韓国は風邪を引くのか」と論調、韓国の各方面や各分野で、かつての「日流（日本からの流れ）」に代わる新しい風「中流」が黄海を吹き渡っています。

漢字廃止のツケ

漢字見直し論が盛んになった背景に、漢字廃止の「ツケ」の大きさが挙げられています。世界の発展途上国で70年代以降に工業品の輸出を急増させ、先進工業国との国民所得の格差を縮小させた10のNIES（新興工業経済地域）のうち韓国は台湾、香港、シンガポールとともに“アジアの４小竜”といわれてきました。

が、最近は中国経済の急上昇で、スイスの調査研究機関「国際経営開発研究所」発表の2004年「世界競争力ランキング」で、韓国は調査対象国・地域60の中で35位、中国24位に追い越され、“アジアの４小竜”では２位のシンガポール、6位の香港、12位の台湾の後塵を拝し、韓国だけが取り残されています。

発展を続ける国と地域は、漢字を大事にしてきたのに対して、韓国は漢字を廃止した。「そこに原因あり」と韓国の済州島出身の評論家、呉《オ》善花《ソンファ》は中央公論99年6月号で「ハングル漬けが韓国をダメにした」と題して要旨次のように論述しています。

韓国人が漢字の廃止によって失ったもののなかで、最大なものは「概念を用いて抽象度の高い思考を展開することだ」とし、「韓国語では深遠な哲学や思想の議論はまず成り立たない。元来、日本以上に漢字という表意文字を駆使して知的行為を行って来た国民が、突然に表意の世界の伝統を断ち切り、音だけの表音文字の世界に入ってしまった」と。

経済と絡めたユニークな漢字分析です。

北朝鮮は「儒教、漢字」を再評価

一方、北朝鮮では、漢字を廃止し、表向きは「ハングルでやるのが民族の自立であり、ハングルは朝鮮の民族文化だ」と言っています。しかし、底流に「儒教、漢字の再評価・活用」思考もあるようで、1990年、日本国際政治学会東アジア分科会訪朝団の団長としてピョンヤンを訪ねた中嶋嶺雄・前東京外国語大学学長（現・秋田の国際教養大学学長）は、『漢字文化を考える』（大修館書店刊91年4月初版）の「東アジアの近代化と漢字文化」に、1990年当時、朝鮮社会科学者協会委員長、金日成綜合大学学長、朝鮮労働党中央委員の書記、金正日の教育係という最高指導者の一人だった黄長燁《ホアンジョンヨプ》氏と長時間面談した様子を記述しています。

その要旨は「徹底した金日成・金正日個人崇拝」「主体（チュチェ）思想」という国家イデオロギーを支える社会主義統治のルールに儒教的権威主義体制で階層秩序を堅持し、その絡みで漢字も“活用”しようとしているようで、黄氏の「漢字をこれから重視しなければいけない。将来的にはもうちょっと漢字を生かして、ハングルの中に混ぜようという試みもある。儒教が大事」との発言を紹介しています。儒教は中国では「負の遺産」として排斥されたのですが「チュチェ思想」を国是とする社会主義“封建制”を彷彿とさせます。

「黄発言」のその後の推移は、黄氏が韓国に亡命した関係で、うかがい知れません。

「国際漢字振興協議会」やコンピュータの統一コードの国際規格「ＣＪＫ（China・Japan・Korea）統合漢字」の作業部会

には北朝鮮も代表が参加しており、漢字への関心がうかがえます。

5. ベトナム、シンガポールなどで

インドシナ半島の東部、北は中国に接する社会主義国ベトナムは、紀元前2世紀以来、中国の支配を受けた関係で古くから漢字文化圏に入っていました。10世紀に独立し、13世紀に漢字にならって民族文字「チュノム」が作られました。1883年以降フランス領となり、植民地下の20世紀初めローマ字化が進められ、漢字及びそれに類する国字・チュノムは廃止されました（『広辞苑』『大辞林』）。

高まる中国語学習熱

しかし、最近では「ドイモイ」と呼ばれる開放政策と経済改革で、周辺の漢字・中国語圏の国からの投資と進出が急増したこともあってベトナム人の中国語（それに日本語）の学習熱が高まり、今では2万人前後が日本語を、その3～4倍の人が中国語を勉強している――と阿辻哲次・京都大学教授は『中国の漢字問題』（大修館書店刊99年12月初版）所収の「21世紀の漢字文化圏を考える」で記述しています。

2001年12月16日付朝日新聞「ニッポンのことば　漢字文化圏の未来①」には、ハノイで「心」「福」「寿」…と毛筆の漢字の書が額に入れられて売られ、新築や長寿のお祝いごとに贈るのが流行になっているとあります。結婚祝いに「福」の字の額を買った女子大生は「漢字は知らないが、絵のよう

に美しい」と語り、ベトナム国立ハンノム研究院のチン・カック・マイン院長の「古文書は漢字で書かれている。漢字を廃止したままで古い文献などを読めなくなったら、文化的損失は計りしれない」との話を報じています。

ハンノム研究院の「ハン」は漢字、「ノム」はチュノムの意。研究院には漢字やチュノムの古文書、碑文の拓本など数万点が保存されているそうです。

読み書きは英語、話し言葉は中国語

東南アジア諸国の中で、シンガポール、マレーシアなどは、漢字文化を持つ地域もしくは、その影響を強く受けてきた国です。

英語と中国語がともに公用語のシンガポール。英語が事実上の第一公用語になっていますが「読み書きは英語、話し言葉は中国語、書写は簡体字」という分裂傾向が生まれております。

政府が英語化を進め「小学校から英語に加え、中国語、マレー語、タミル語のいずれかを選ぶ二カ国語教育を実施」(『世界年鑑』2001年版) しての言語傾向ですが、2000年4月8日付、朝日新聞によると「テレビは中国語の天下」。中国語放送の「TCS8」は、英語専門の「TCS5」を平均視聴率で2倍以上引き離し、テレビ俳優も、中国語系が英語系より人気があるそうです。

一種の複合国家のマレーシアでは、マレーシア華人に特有の馬華文字も成立、中国文化の影響下にあります。2002年1月26日付朝日新聞には、クアラルンプール国際空港に外国人向けに英語、マレーシア語、日本語の案内板があるのに「中国語がないのはおかしい」と中国人観光客から不満が出て、地元の華人団体が政府に改善を求めているとあります。経済発展で中国からの観光や商用客が急増、2001年には43万人と日本人の55万人に接近しています。マレー語使用を奨励し、建国以来、原則的に公共施設での中国語表示を認めていない政府も「大国」中国への配慮に頭を悩ましている──と報じています。

＊　＊　＊　＊

「祖父と私の夢」（要旨）

（第9回中国の大学生・院生『日本語作文コンクール』(2001年、94大学から1,626人応募）一等賞、遼寧師範大学　陶金さん＝女性＝の作文）

「陶さんは英語を6年間勉強したんでしょう。一体なぜ日本語を勉強するの」

大学に入ってから、私は時々こんな質問をされます。

「お爺さんの夢だったの、そして、自分の夢でもあるの。お爺さんと私も同じように中日友好の夢を実現させたいの」と私はいつもこう答えます。

何十年か前、日本と中国が戦争していた頃、祖父は戦争のため中国側の通訳として、自分が学んだ日本語で、中国人民といっしょに日本の侵略に抵抗していました。解放後、祖父は「歴史を忘れてはいけないけれど、日本と中国は一衣帯水の間にある隣の国だから中日友好関係を築かなければならない」と、奔走しました。しかしその頃、いろんな理由で中国人は祖父の夢を理解することができませんでした。家族にしても、「日本軍隊は30万人の中国人を虐殺してしまったのに、また日本と友好したいの？　こんなおかしい考え方を持っている人はばかだ」と思っていて、祖父には反対していました。祖父は「中国人に災難を与えたのは日本の普通の国民ではなくて、日本軍だね。中日友好は両国民にとってプラスの面がとても大きい」といろいろ説明しましたが、どこでも冷眼視されました。祖父は死んでも、自分の夢が実現できないから、目を閉じることはできませんでした（中国では自分の望みが実現できなかったら目を閉じることはできないと言います）。

時代が変わって祖父の夢が実現する道が開かれました。1972年。中日両国は国交関係を回復しました。以来、両国は人々の往来が盛んになりました。その時、天国の祖父はやっと目を閉じることができたと思いました。

私は祖父の顔を見たことがありません。祖母から祖父のことを聞いた時、私は悲しくて泣いてしまいました。祖父の夢を更に続けて発展させるために、私は大学に入ってから日本語を選びました。今、私が日本語を一生懸命に勉強しているのは、中日友好の使者になりたいという夢を持っているからです。そして日本語の勉強が深まるにつれて、私はもっと多くの日本と中国の過去と現在を知るようになりましたし、祖父の夢を深く理解できるようになりました。（中略）

今、私は祖父と同じように中日友好の夢の実現に向けて、一生懸命に日本語を勉強しています。時代がもう変わりましたから、夢を実現させる方法も変わらなければなりません。

今、私は自分が習った日本語で、多くの日本人に中国を紹介したり、自分が知っている日本を周囲の中国人に伝えたりしています。中日両国民がよく交流することは中日友好関係の維持にとても大切だからです。

筆者注　「中国の大学生・院生『日本語作文コンクール』」は、中国で日本語を学ぶ大学生・院生を対象に、1993年から2004年まで毎年「日本と中国の将来」など日中友好、相互理解をテーマにした作文を公募する、中国で最も権威ある「日本語作文コンクール」です。主要大学100校近くが参加、応募作品数は2004年の12回で延べ1万5千点に及びました。

日本・国際交流研究所（東京都江東区南砂6－7－36－709、大森和夫所長＝朝日新聞社元編集委員）の主催で、2003年の第11回コンクールは中国・日語教学研究会（110大学加盟、会長、洛陽・洛陽外国語学院、胡振平教授）共催、朝日新聞社、在中国日本国大使館後援。第12回は中国の大学2、3年生を対象に実施されました。中国・日語教学研究会の2004年会長は長春・吉林大学、宿久高教授です。

筆者も「陶さんの夢」と同じ夢を持って中国語、中国理解の学習を続けたいと念じています。

第2章　漢字を起死回生させた“電脳”

これからの「漢字の将来」について、「コンピューターと一蓮托生と言ってよい……21世紀の漢字研究ではコンピューターを決して忘れてはいけない」「字数が減っていくということはおそらくありえない」……。京都大学阿辻哲次教授（中国文字文化史専攻）の「われら六稜人【第36回】漢字に魅せられて…漢字学の楽しみ」から。

2004年7月1日、この章の稿を書き進めるためインターネットの検索サービス「Google」をアクセス（操作）しました。

日本語ページに、「漢字とコンピューター」(83件)、「コンピューターによる中国語処理」(129件)、「中国情報局　電脳講座」(1,990件)……など、中国語学習に、漢字の理解に、中国との交流に、すぐ役立ついろんな情報がテーマごとに分類、満載されています。

「漢字とコンピューター」のページに掲載されている冒頭には、阿辻哲次教授の「漢字の将来」についての展望が、また横浜国立大学村田忠禧さんの「日本と中国の漢字使用状況の比較研究」のページには、コンピューターが漢字を「起死回生」させた経緯が豊富なデータをもとに解説されています。

漢字はコンピューターと出会うまでは、「アルファベット26字を打ち込んで処理する洋文タイプライターには適合しない。字数、字画が多くて、機械で書けない厄介な文字、近代化に向かない遅れた文字」と疎まれてきました。

が、一転して、両者は「永遠不滅」の大の仲良しになりました。

漢字は「覚えるのも書くのも」大変でしたが、現在のコンピューターは既にJIS（日本工業規格）漢字コード6,355字と補助漢字（JIS X0212）5,801字を処理できます。

また、中国の「GB18030」という最新の文字コードは、簡体字2万7,484字を収録（台湾の文字コードは繁体字「Big5」)。日本・中国・台湾の間で異なる漢字のデータも「Unicode（世界統一の文字コード)」を利用することで容易に交換できます。

複雑な字形の書き取りもパソコン任せ。「読み方」だけを覚えればいいのです。機器の使い方さえマスターしたら、もう漢字を手で“書く”必要はありません。キーボードに“打つ”だけでいいのですから。

IT時代の時流に乗って、情報処理の用途は拡大の一途をたどっています。

1．「電脳」活用の中国語学習＆著作

阿辻哲次教授は「漢字とコンピューター」の特徴のひとつに――『好き嫌いがある』ということだ。上手に使いこなすとこんな便利なものはないけれど、習得するまではかなり努

力を強いられる——と分析されています。

筆者の中国語学習から今回の著作までの体験を照らしあわせて“言い得て妙”と実感しました。

私は、右手「人指し指か中指」のいずれか１本指でポトポトと入力し、「上手に使いこなす」には程遠いですが、それでも本著“執筆”は、コンピューターの恩恵なくして成し得なかったと断言できます。

原稿はすべてパソコンのキーボードに文字を打ち込んで“書き”あげました。

中国語の簡体字、その拼音ローマ字表記、カタカナ読み、或いは繁体字、甲骨文字を容易に記入できましたのも中国語ソフトを利用したからです。

ツールを活用

その実践——「コンピューター（電脳）活用の中国語学習＆著作」を紹介しましょう。

活用しました関連の「ツール（道具、手段）」は次の通りです。

①OS（基本ソフト）「Windows・xp」対応のノートパソコン・富士通FMV－BIBLO NB19D

②㈱高電社（通信・言語・翻訳の総合情報サービスのパイオニアとして1979年７月創業。本社は大阪・阿倍野区）中国語統合ソフト「ChineseWriter7」

③インターネットExplorer検索エンジン「Google」

④SEIKO「電子辞書」

⑤メールソフト：OutlookExpressで、中国、日本各地と

「電子メール」の送受信（筆者が住む福岡県筑紫野市と東京の出版社との原稿送稿も電子メールの「添付ファイル」、打ち合わせ、出版契約も）などです。

これらのツールは、「第４章　漢字のコペルニクス的転回——その立役者」の1．魯迅の「漢字亡国論」で引用した「魯迅語録」などの中国語の入力、漢字拼音ローマ字変換、カタカナ読みの表記や文章展開の随処で、活用しました。

「電子辞書」は、小型、軽量化して、『広辞苑』、英和/和英、英英/類語、中日/日中、英中、漢字源、カタカナ語が成句・熟語、例文・解説、言語間のジャンプ切り替え機能付きでまとめて組み込まれています。分厚い、重たい辞書引きは「昔の話」です。

①の「Windows・xp」は、中国語を入力するだけでしたら、別に中国語ソフトを購入する必要もなく、「ツールバー」の「フォント」を操作すれば、日本漢字の通常の「MS明朝」とともに、簡体字、繁体字を、それもゴシック、行・楷・草書など多彩な書体に自在に変更して入力できます。

「ChineseWriter7」

②の中国語統合ソフト「ChineseWriter7」は、特に愛用しました。

高電社の説明によりますと、「ChineseWriterシリーズ」は、日本語Windows上で中国語入力のできるソフトとして、1994年に開発・商品化され、改良を重ねてきました。

大学での第２外国語として中国語が選択されて、教育現場でのツールとしても親しまれ、近年は中国に進出する日本企業、中国企業とビジネスを展開するのに必須のツールといわれています。

2003年秋にバージョンアップ（改良）された「Chinese Writer7」は、日本で唯一、「中国GB18030」という最新の文字コードに対応しています。扱える漢字の数は2万7,484字。これまでの「GB2312」より4.5倍も増えています。「ファイル単位で中国語文章の音声読み上げ」「中国語フォントを44書体に増加」と合わせて4つの付加的な機能が備わりました。また、「声調付き拼音フォント」の1種である「KF-GB P Mincho PY1」を使えば「你《nǐ》好《hǎo》」のように拼音・ルビ付きの簡体字が表示されます。

小学館の『日中/中日辞典』『日中ビジネス文例辞典』などの辞書類、日本語を中国語に翻訳する「C－TIME」・手書き漢字認識ソフトの「中国語手書き入力」など、豊富なツールが盛り沢山です。

「言語バー」を「JP（日本漢字)」から中国語「GB（簡体字)」或いは「B5（台湾・繁体字)」に切り替えますと、「ピンイン」入力→簡体字(繁体字)変換、声調付きピンイン入力変換、「ひらがな単語翻訳」機能は日本語で入力した単語を中国語に変換、「C－ＴＩＭＥ」では128文字までの日本語の文章を中国語に翻訳するなど、ユーザーの好みに合った入力方法を選択することができ便利です。その中国語の漢字ピンイン変換、声調付き、カタカナ表記、或いは「チャイニーズボイス」機能で中国語の発音も聞けます。

ただ、「中→日翻訳」機能はありません。

翻訳ソフトも

2004年夏、㈱高電社から「中国語翻訳ソフトの決定版、ベストセラーを誇る」と銘打って「j・北京V4シリーズ」売り込みの電子メールが筆者のアドレスに入りました。

購入前の「無料スキャン&テスト翻訳実施中」との案内に便乗しまして、第4章1. 魯迅の「漢字亡国論」の冒頭に紹介しました魯迅語録「汉字不灭,中国必亡」を「j・北京V4」で日本語に翻訳テストしてもらいましたところ、機械翻訳の制約でしょうか、日本で広く知られている魯迅語録「漢字滅びざれば、中国必ず滅ぶ」のような簡勁（簡潔で力がこもった表現）な“意訳”は表示しません。単語の“直訳”でした。

高電社によりますと、「j・北京シリーズ」は、1998年4月に最初に発売され、「j・北京V4」は3度目のバージョンアップです。ビジネス文例や新聞、雑誌などに掲載の一般社会で使われている文章の〈日中・中日翻訳〉は得意で、この種の中文は瞬時に翻訳されます。

高電社の製品のほかに、「中国語入力」ソフトは、オムロンソフトウェア㈱の「楽々中国語シリーズ」、ロゴヴィスタ㈱の「LogoVista 中国語シリーズ」、㈱クロスランゲージの「蓬萊シリーズ」などがあります。インターネットで「中国情報局」のホームページを検索しますと、「漢字通」（方玲企業股份有限公司）など中国製のソフトを紹介しています。

関連書籍では、21世紀中国総研編『中国情報源2004〜2005年』（蒼蒼社刊）には「中国情報の探索・収集術」「インターネットによる中国情報サーフィン」の特集が組まれ、「中国語の電子メールのやりとり」「旅行時のインターネットの利用」などを案内しています。

2.「電子出版」――ペーパーレス書籍時代へ

電子書籍、ケータイ読書など、21世紀の出版は「ペーパーレス時代」に向かっています。「電子辞書」市場は既に、2003年の規模が440億円と「紙の辞書」の200億円の2倍を超え、電子辞書で勉強する高校生が増え、「紙の辞書」を経験しない世代が出現しています。

さらに、2004年の春先からケータイ読書のツール「電子書籍端末」が、松下電器の「シグマブック」、ソニーの「リブリエ」と相次いで発売され、こうした端末にコンテンツ（本の中身・内容）を配信するサービスも始まり、2004年は「電子ペーパー元年」と言われるほど、出版界は「電子書籍」の新しいビジネスモデルの展開で活気づいています。

本書も「電子版」を同時刊行

本書『漢字で“チャット”』も従来型の「書籍スタイル」に加えて、インターネットユーザーのパソコンで読める「電子出版」を同時に刊行します。文芸社の「電子書籍販売サイト“Boon-gate.com（ブーンゲートドットコム）”」によるもので、著作の全内容が「電子書籍」としてデータ化されます。購読ご希望の場合は、インターネットで文芸社のホームページ「http://www.boon-gate.com」を検索、『漢字で“チャット”』の書名をアクセスしますと、パソコン上にダウンロード（転送）し、販売するシステムです。従って、「電子書籍端末」は不必要です。

このシステムは、これまで書店で購入するしかなかった書籍に、「もうひとつの販売(購入)機会」を与えるとともに、通常の流通形態では実現し得ない様々なメリットをもたらすものです。

第一に、絶版になることがないので、半永久的に販売されます。また、インターネット上でダウンロードできますので24時間いつでも購入できるというメリットがあります。

第二に、サイトアップ（ネット上での刊行）後でも加筆・補筆・修正が可能であるということです。紙の本では重版されない限り絶対に不可能です。

『漢字で“チャット”』の電子版も、これからさらに“進化”するデータを更新、加筆、紹介し続けたいと思っています。

第三に、サイト上の「Boon-gate.com」で販売する「電子書籍」の著者の受け取る印税は50％です。

電子書籍は紙の本ではありませんので書店への流通費や在庫管理費などは一切かかりません。そのため、販売価格は500円と安く、通常書籍の定価の半分以下です。

以上三点の他にも「Boon-gate.com」独自の試みとして、インターネットの双方向性を生かし、読者と著者と意見交換、著作品に対する批評など、読み手と書き手が自由にコミュニケーションできる場を設け、書籍を販売すること以上のプラスαの付加価値もあります。

また、サイト上では電子書籍を自由に“立ち読み”できますので、ここで読んで、作品を気に入った場合、電子書籍のみならず紙書籍の方も求める可能性もあり、出版社にとっては売り上げの相乗効果が期待できます。

電子出版はインターネットの世帯普及率 52.1%（インターネット白書 2004）、日本の 81.4%の世帯がインターネットを活用している（2003年総務省『情報通信白書』）時流に乗って、忙しい現代人のニーズに応えここ数年で目覚ましく成長しています。

3. “救世主”電脳の出現

ここで、漢字の“救世主”「コンピューター」の小史を紹介しましょう。中国語では【电脑　diànnǎo/ディエン　ナオ】といいます。

（電子計算機の）記憶装置・電子計算機・コンピューターの俗称（小学館『中日辞典』）です。

世界初のコンピューターは 1946 年、アメリカ・ペンシルベニア大学で生まれました。漢字にとってまさに“救世主”の出現ともいえます。奇しくも日本が漢字使用を制限する「当用漢字表」の内閣訓令・告示と同じ年です。

コンピューターはもともとアルファベット使用を前提に設定されていますので中国語の「拼音ローマ字表記」にも、日本の仮名・ローマ字入力⇒漢字変換にも好都合でした。コンピューターが「文字の世界」で本格的に活用されだしたのは、日本では 1978 年です。この年、日本工業規格の漢字コード「JIS C 6226-1978」が制定され、日本語ワードプロセッサーが誕生しました。これで、日本語の漢字をパソコンで処理できるようになりました。

日本語ワープロの開発

いまパソコンを起動しますとすぐ画面に四角いアイコン(絵記号)が表示されます。そのなかに「W」の下にMicrosoft Wordと書かれたものをクリックしますと文章作成機能の「ワープロソフト」が立ち上がります。キーボードを打っていくと画面に文章が書けます。

30年近く前の1978年に国内初の日本語ワードプロセッサー「JW—10」が東芝で開発され、漢字の機械化・コンピューター処理が可能になりました。漢字コードJISが制定されたのと同じ年でした。

「コンピューターは、本来のデータを処理するだけならカタカナでいいはずなのに、やはり漢字を使えるように工夫した。そこに日本人と漢字とのしがらみみたいなものがあるんじゃないかなと思います」(阿辻哲次さんのコメント)。

そのしがらみに挑んで「JW—10」を実用化した森健一さん(のち東芝テック社長)は、放送大学特別講座で「商品開発のコンセプト」として①手で書くより早く文書作成ができる(かな漢字変換機能)②持ち運びができる(ポータブル機能)③遠隔地から文書ファイルを送受信できる(アクセス機能)——の3つの要件すべてが技術的にクリアされたと述べました。

即ち、①の「かな漢字変換機能」では、同じ内容のニュースを日本文と英文とでキーボードに打ち込む字数を比較すると、英文が日本文の2.5倍もある。字数が少ない日本文の方が英文より速く処理できる。加えて「漢字仮名交じり」の日本語は読みやすい。カナタイプライターやローマ字タイプライターで打たれた文字列は、過去のカタカナ電報を例にあげるまでもなく、そのままでは大変読みにくいものでした。

②1978年発売第１号の「ＪＷ—10」ワープロは630万円、重さ220キログラムもありました。昨今のノート型パソコンは10万円台で購入でき、軽量、小型化し片手で運べます（ペンシルベニア大学で生まれた第1号は、真空管18,000本、重さ30トン、100畳敷きの大型コンピューターだったとか。いま真空管は僅かミリ単位の集積回路に）。

③は、インターネットWWW（ワールド・ワイド・ウェブ「世界に広がる蜘蛛の巣」）、電子メールで結ばれ、アクセス機能は進化、感情表現、若者言葉から写真、色彩、音声、さらに携帯電話は「漢字で話せる」ようになったと述べています。

中国での漢字の"現代化"

中国でも漢字の現代化に「機械化処理」を推進し、1980年に「国家標準信息交換用漢字編碼字符集　基本集」として文字コード「GB 2312-80」が制定されました。簡体字はもちろんのこと総計6,763字の漢字が収められています。

20余年経て、文字コードは、「GB18030」に変更され、扱われる漢字の数は２万7,484字と4.5倍に増えています。

2000年春には、清朝時代につくられた約8億字の巨大叢書『四庫全書』が文字コード表を使ってCD—ROMで175枚、全文テキストデータになりました。このデータは日本のコンピューター上ですぐ読め、そのまま利用できるという驚異的な時代を迎えています（「Google」検索「松岡栄志さんの漢字とコンピューター」参照）。

また中国政府のお声掛かりでコンピューターを思い通り広汎に使って各種の情報を処理できるように、と中国産の基本ソフト「紅旗リナックス」と応用ソフト「レッド・オフィス」が2001年に相次いで開発されました。

「三大文字改革」が目指した「漢字の大衆への解放」は、電脳がもたらした情報機器の革新、普及によって中国社会にも行き渡り、1990年代後半からインターネット、携帯電話は家庭、路上、公共の乗物のなかでも、女性、子ども、お年寄りにも、気軽に愛用されています。

国際摩擦“伝播”ツールにも

しかし、簡単、容易に、しかも「瞬時、広範囲」に“伝播”するインターネットは、反面、危険が潜み、中傷、悪罵の吐き出し口にもなり、迷惑情報のトラブル、犯罪、果ては女子小学生がチャット(おしゃべり)殺人事件を起こす要因になったり、国際摩擦“伝播”のツールになったりの「弊害」も撒き散らし、物議をかもしています。

2004年4月、訪中の川口外相は中国当局に「中国のインターネットで反日的な論議が高まっていることに懸念を表明」(4月5日付朝日新聞)の報道に、「おやおや、日中の外交問題までにも」と、中国の情報化社会の浸透ぶり(第1章に詳述)に目を見張りました。

この懸念は、同年夏に中国で開催されたアジア杯サッカーで一部中国人観衆が「反日騒ぎ」を起こし、日中関係が緊張する事態になったほど顕在化しました。

同年7月1日付朝日新聞のコラム、舟橋洋一「日本@世界」

欄には、「中国・広東省で最初に新型肺炎SARSの患者が発見された時、当局が否定しようと躍起になったが、ケータイが真相を暴露、4千万回のケータイ情報伝達が行われた」と報じ、「NIKKEINET：中国ビジネス特集」にも中国で反日運動を展開している民間ウェブサイト「愛国者同盟網」が、中国の鉄道高速化プロジェクトで日本企業が落札したのを反対する50万人の署名を集める運動を展開、8月30日深夜、当局によって閉鎖された、と伝えています。

中国政府は「北京五輪や日中友好に影響しかねない、一党支配体制を崩しかねない」と神経をとがらせ、対応に追われているようです。

第3章 「漢字で“話す”」
ケータイ・コミュニケーション新時代

「メール愛思い育む」――2004年11月15日付朝日新聞一面トップで報じられた「紀宮さま婚約内定」記事の5段扱いの大きな見出しです。皇居の御所住まいの紀宮さまは、ご相手の方と互いに好感をもたれあいながらも、一般の交際のように頻繁に会うわけにいかない。そんな環境の中で、ご婚約への「仲をとり持った」のが電子メールのやりとり……という微笑ましい内容です。

2日後の17日付には、「ケータイ使用、20代の98％」、「IT,中高年にも浸透」――などの見出しで、インターネット・携帯電話についての朝日新聞世論調査の内容が特集され、急速に進む社会の情報技術化に、前向きに付き合っている姿を紹介しています。

全国の有権者1940人（回答率65％）に面接調査で、「普段、携帯電話を使っている」との回答者は、全体で64％、3人に2人にのぼっています。若い年代ほど多く、ほとんどすべての人が使っている20代の3割は「携帯のない生活は考えられない」とまで感じ、「電話」より「メール」の使用頻度が高く、主に「友達付き合い」に活用しています。

インターネットを使っているのは、20歳代で78%、40歳までは60%以上を占め、逆に「使っていない」は50歳代で60%、60歳以上は80%以上にのぼっています。

インターネットの普及のプラス評価は77%、「多様な情報が得られる」がトップで43%。マイナス面では「犯罪や事件を引き起こす」が30%、「有害な情報がたれ流される」が22%で、ネット情報の規制が「必要だ」が79%と、「便利さ」の裏にひそむ「弊害」も感じています。

街を歩いて必ず見かける「携帯電話」風景……。漢字がその小さな画面に踊り、電波に乗って飛び交っています。「翻訳ウォーカー」なる「持ち歩ける携帯電話通訳機」も海外旅行に利用されてきています。

携帯電話は、21世紀のコミュニケーション世界に革命的な異変をもたらしました。それもここ２～３年爆発的に起きた社会現象です。携帯電話は、漢字と若者をすっかり「とりこ」にしています。「漢字で“話す”ケータイ・コミュニケーション」新時代の訪れです。

まずは、中国で携帯電話が広がった時期に、朝日新聞中国総局長として2000年６月～2004年８月、中国で取材活動にあたった五十川倫義・朝日新聞論説委員の“北京特派員だより”をご紹介しましょう。

1.「携帯電話」は、日中交流の便利なグッズ ……“北京特派員だより”

「携帯メールは発音がいらないので、日本人と中国人の交流にはたいへん便利なグッズなのかも知れないですね。基本的な単語（漢字）を覚えればコミュニケーションできます。東アジアが漢字で結ばれていることを再認識させています。漢字がコンピューター時代に適合し、東アジア諸国の協力、交流において、確かに重要な役割を果たし、新たな可能性を持ったような気がします。情報通信機器はその橋渡しになっていることを気づかせてくれています」——

五十川さんの“北京特派員だより”が伝える情報通信機器、なかでも携帯電話を利用しての“ケータイ・コミュニケーション”のホットな具体例の数々は——

「2004年夏、中国の重慶、済南、北京で開催されたアジアカップ・サッカーで起きた一部中国人サポーターによる『反日騒ぎ』。競技場で取材の記者は、騒ぎの情報連絡に、携帯メールをフルに活用しました。日本語で電話をすると、興奮した中国人サポーターに気付かれ、トラブルに巻き込まれかねない状況だったからです。我々日本人特派員にとってケータイメールが便利なのは、しゃべってはいけないところからでも情報を発信できることです。

日本人は、中国語独特の発音の『聞き取り』に悩まされます。ケータイは、一般的に『中国語のよく似た発音による誤解を封じる』メリットがあります。

例えば、中国語発音の『十（shí/シー）』と『十一（shí yī/シー イー）』。日本人にとって聞き間違いやすいので、私は待ち合わせ時間を決める時には携帯メールに打ち込んでいます。声調変化で意味が異なる単語など、携帯画面の文字表示による確認などは有効だと思います。

それから、中国の人たちは笑い話を携帯メールで回すのが好きで、私もたくさんもらいました。そんな中から庶民の気分を感じとることもできました。わざわざ電話をかけて笑い話を伝えることはあまりないですが、携帯メールだと、簡単な操作で多くの友人に送ることができます。電話会社から送って来ることもあります」

小生も中国語の携帯メールにすっかり慣れました。取材業務には「ソニー・エリクソン」、個人用に「Panasonic」を使っていました。便利な点は、日本で使う場合とそれほど変わらないと思います。日本行きを目指す中国人たちの中には、「日本には漢字があるから何とかなるさ」という考えの人も多いようです。私同様に、これらの中国人にとって携帯電話は必携グッズでしょう。これからも新製品の開発が相次ぐでしょうが、高めてほしい機能は、メールの保存量です。

笑い話もそうですが、1回70字ぐらいのものはけっこう来ます。長すぎて2回に分けて100字ぐらいも送信されてくることもあります。容量が小さいと、長いメッセージは、どんどん落とすか、書きとどめねばなりません。中国語のいい表現は記録しておきたいので、その意味からも容量が大きいとありがたいです。また、もっと簡単にメールが打てるようにバージョンアップされれば、と思います。

“歩く”「携帯翻訳システム」も

異なる言語での“ケータイ・コミュニケーション”の橋渡し役に「翻訳ウォーカー」なる新製品がお目見えしました。「翻訳ソフト」を「PDA」(携帯情報端末)にインストールしての“歩く”「携帯翻訳システム」です。

2003年1月27日付、日経産業新聞に「高電社　PDA用日中翻訳ソフト」との見出しで、同社が携帯情報端末(PDA)用に日本語・中国語双方の翻訳ソフトを開発したことを報じています。

それによると、「翻訳ウォーカーj・北京」との名称で、PDAを使った日中翻訳ソフトは初めてとか。中国語を手書きで入力できるほか、日本語から翻訳した中国語の文章を音声で朗読する機能を持ち、中国旅行の観光客や中国に派遣される日本人ビジネスマンを中心に好調な売れ行きだといいます。

携帯情報端末「PDA」は、パーソナル・デジタル・アシスタンツの頭文字で、液晶の画面に専用のペンで書き込むだけで翻訳させたい日本語・中国語(簡体字、繁体字いずれも)が入力、表示され、ボタンを押すだけで翻訳されます。日本語→中国語が17万語、中国語→日本語が24万語の辞書機能を持っており、比較的長い文章でも意味を損なわずに翻訳できます。

日韓・韓日携帯翻訳システム「翻訳ウォーカーj・Seoul」も2002年9月に発売されています。また、高電社は「世界初！しゃべる機能を満載した携帯電話自動翻訳コンテンツサービス」とのうたい文句で、「j-Serverポケット」を展開しており、

au、ボーダフォンで多くの会員を有しています。
「翻訳ウォーカーシリーズ」は¥39,800（税別）で購入でき、便利になりました。詳しくは高電社のホームページ http://www.kodensha.jp/jis/soft/index.html へどうぞ。

2. ケータイの普及で変わる若者言葉……「ヤバイ」は「気に入った」

いつの世でもその時代を映す鏡とされる「若者言葉」に変化が現れます。
「ヤバイ」は「危ない」という意味ではなく、「自分の気持ちを抑えきれないほど、危ないくらいおいしい〈気に入った〉」という意味です。「危険」という表現は「ヤバイ」をひっくり返して「バーヤー」です。

愛知県日進市・椙山女学園大学人間研究学部の加藤主税教授編集の「現役女子大生の力作!!　若者言葉事典」(非売品、04年5月発行）には、冒頭から旧世代の年配者を驚かす「ケーチュー」（携帯電話中毒依存症）の若者言葉300を〈意味〉〈用例〉〈備考〉〈感想〉付きで掲載しています。

加藤教授は朝日現代用語『知恵蔵』2001別冊の現代日本人名簿に記載されている若者コトバの「キーパースン」。10年間に及ぶ調査、分析の内容は、数々の新聞、雑誌、テレビに取り上げられ、刊行物にもなっています。

平成15年版の『若者言葉事典』は、22人の現役女子大生とともに2年間にかけて約800名の学生から集めた3,000例の中から選んだ若者コトバを紹介しています。

このほか「女子大生が解説　ケータイネットで新人間関係」(私家版)も刊行。若者の生活、思想、習慣、風俗などが、「ケータイの普及」で相当変化したことがうかがえます。

“世代わり”の最たることは、大学生はほぼ100％携帯電話を持っていることと、若者コトバが減ってきた結果のコトバの簡略化現象です。

携帯電話のすさまじい普及により自宅電話で用を足すことがなくなり、自室で、家族に聞かれず、友人、恋人と気兼ねなく話すことができます。声を出さずに“メール文通”も可能です。

従ってわざわざ隠語的な若者コトバを使う必要がなくなったなどと、加藤教授は平成15年と平成2年との若者コトバ「いま」「むかし」の違いを比較分析しています。

それによる平成15年（2003年）の若者コトバは——

①携帯電話の普及に伴い、わざわざわかりにくい若者コトバを作り出す必要性がなくなった。

②奇異に感じるほどの若者コトバはなくなり、若者自身が意識しないほど、自然な若者コトバが増加した。

③携帯電話関係のコトバが出現した。

そして、発生の理由として、①大人と同じ言葉を使いたくないという、いつの時代にもある独立心、或いは反抗心から。②若者が関心を向ける風俗、習慣、思想などの新しい分野に対する新しいコトバの必要性。③仲間意識の強化。④コトバの簡略化——などの特徴を指摘し、「携帯電話関係の語は他の表現がないので、相当数定着の可能性がある」と、従来の若者コトバ「短命説」と異なる見解を示しています。

「イケメン」は「イケてるメンズの略、つまり格好いい顔、スタイル、雰囲気、服装など、トータル的な見た目が整っている男の子のこと」ですが、最近はわざわざ漢字を使った「逝け面」（逝っちゃっている顔、ハンサムでない「とんでもない顔」の意味）も。

「写メ」（シャメ＝写真付きメール）「空メ」（「カラメ」という「何も書かない」メール送信）「パケ死」（携帯電話のパケット通信費＝データを小分けし、１本の回線を複数の人で共有して通信する費用＝がかさんで、支払いの金額の多さにめまいがするような状態。用例「パケ死中につきレス〈返事〉遅れます」）。「家電」（いえでん＝家の一般加入電話）などケータイ関係のコトバも。「早帰（そっき）・直帰（ちょっき）＝すぐ帰る、急いで帰る。寄り道しないでまっすぐ帰る」「卒アル」（卒業アルバム）「時変」（通常の時間割が変更になること）など「漢字活用の簡略化」の若者コトバはケータイ時代の反映でしょう。

3. 「ケータイ」読書に、携帯メール小説

2004年10月9日、NHKテレビ「おはよう日本」は、携帯電話で小説を書く「携帯メール小説」が若い“親指世代”の関心を集めていると、ニュースで放映しました。

2004年12月1日付朝日新聞文化面には「若者は『ケータイ』読書」「小説ファンの層広がる」「高速・定額通信が後押し」の見出しが躍り、その翌日の生活面「お金」の欄には「おいくらですか　携帯電話パッケージ代」が特集されていました。

本書「はじめに」で触れました「中国で教科書の電子化プ

ロジェクト」とともに、日本でも「ペーパーレス書籍世紀」、「電子ペーパー元年」の訪れをありありと告げています。

「外出に携帯電話必携」は、いまや若者の流行になっています。かつて若い世代は新聞、本を読まない「活字離れ」族の代表にされていましたが、親指世代は、携帯電話のメールのやり取りで「文字を読む」のにいつしか慣れてしまったようです。

出版界はこうした傾向を目ざとく捉え、携帯電話用に編集した「文芸誌」を相次いで立ち上げています。

主なサイトは、「新潮ケータイ文庫」(新潮社)、「スペースタウンブックス」(シャープ)、「文庫読み放題」(角川デジックスなど)、「どこでも読書」(ミュージック・シーオー・ジェーピー)、「the どくしょ」(集英社) などです。

飯島愛の小説「プラトニック・セックス」が1万ダウンロードを記録したなど、つまり１万冊以上も売れる“ケータイ小説ベストセラーズ”が各社から競い合うように売り出され、既存の文芸誌の読者層から抜け落ちていた10代後半から30代の女性にも“愛読”され、出版界のニュービジネスを支えています。

「携帯メール小説」は、これらの世代にターゲットを絞り、携帯電話のメモ(記録)る機能を活用してもらって、日常的に身近な心動かされたことや思い浮かんだイメージ、発想を、その場でキーボードに書き(入力)込んで、それをもとに小さな物語を短編小説やエッセイに仕上げてもらう。毎月作品を公募、「携帯メール小説大賞」を出し、専用の文芸誌を発行する、という企画です。

インターネット上の「携帯メール小説」にアクセスしました。

小学館新文芸誌「きらら」のウェブサイト「ＷＥＢきらら」が「携帯メール小説に病みつきな人、続出中！　全く小説を書いたことのない人も、一度チャレンジすれば、メール小説がクセになる（？）普段のメールも小説チックになる（？）……ともかく一度、小説を『書く楽しみ』を知れば、小説を『読む喜び』も広がります。携帯で綴ったあなたの小説をお待ちしています！」と「携帯メール小説大賞」を募っています。

その主な応募規定は、ジャンルは問わず、字数は、500～1,000字、毎月20日締切で、翌月の『きらら』誌上および『ＷＥＢきらら』『The News』サイトにて発表され、毎月当選作に月間賞（賞金３万円)、半年に一度、月間賞の中からグランプリが選出（賞金10万円と記念品）されます。必ず携帯電話から、m@quilala.jp宛てに送信してください――とあります。各携帯電話会社によって送信可能な文字数が異なり、250字までしか書けない機種もあり、500～1,000字の字数の条件は、必要に応じて原稿を何通かに分割しなければなりませんが。

この点は、先の“北京特派員だより”の「笑い話」受信のように、日中ともに、携帯電話機能のバージョンアップの課題でしょう。

ともあれ、若者に小説が売れない現状に対する出版界の危機感が背景にあるにしても、携帯のメールからベストセラー作家なんてことも夢じゃないかも知れないし、また、これぐらいの字数なら通勤途中に書けてしまえそうだから、応募してみようかな……など、新しい文芸の底上げ、文化創造につながる、IT時代にふさわしい興味深い現象でしょう。

4. 第3世代の携帯電話

このように今や「コミュニケーションの寵児」になっている「携帯電話」のわが国でのデビューは、1970年の大阪万国博覧会で移動式電話の展示実演が初めて行われてからで、30年経た21世紀、論語の「30にして立つ」そのままに“ケータイ”に進化し、生活必需品として確固たる存在感を示しています。

全国消費生活相談員協会ブックレットシリーズ60「ケータイ・ツーカイ活用術！」(2004年3月発行)によりますと、以来、1987年に電電公社がサービスを開始しました。この頃は第1世代・アナログ方式で端末は900グラム、機種はすべて高額の保証金、月額使用料2万3千円のレンタル方式で一種のステータスシンボルだったそうです。1996年に「文字通信サービス」、その3年後の1999年に「携帯電話からのインターネット接続サービス」がそれぞれ開始され、21世紀に入って第3世代の携帯電話も登場、今日の「ケータイ」必携時代になっています。

第3世代は伝送効率が飛躍的に高まり、高速データ通信や固定電話なみの音質が特徴です。携帯電話によるテレビ電話や滑らかな動画像は第3世代ならではとされ、「着うた」や動画メールを武器に販売台数をのばしました。2004年1月末で1,440万台と携帯電話全体の18％を占め、05年には第2世代

(デジタル方式でホームページの閲覧やメールの送受信が可能)を抜く勢いです（2月15日付朝日新聞)。

「片手のひら」に収まって手軽に「だれでも、いつでも、どこからでも」さらには「何でも」できるような利便さも加速しました。

「ケータイ」を舞台に「漢字とコンピューター」は蜜月関係を深め、更なる「情報革命」の可能性を発展させることでしょう。

《お断り》 文中の「ケータイ」と「携帯電話」の使い分けは、主に「話しコトバ」的表現の際は前者のかたかなで、一般名詞の「物」としての表現は後者の漢字で表記しました。

第４章　漢字のコペルニクス的転回
――その立役者

漢字再生の道を拓いた魯迅、毛沢東、呉玉章

中国「三大文字改革」の道を拓いた３人の立役者――、近代中国革命への思想的覚醒の役割を果たした文豪・魯迅と新中国建国の父・毛沢東、そして、中国文字改革委員長、主任として実務面をリードした呉玉章。

19世紀から20世紀にかけて、“存亡の危機”にさらされていた漢字の「受難」時代から21世紀には、コンピューターとも結びついて「再生」に導いた３人の立役者の「文字改革談義」を拾いながら漢字のコペルニクス的転回の道筋を追ってみましょう。

1.　魯迅の「漢字亡国論」

「汉字不灭，中国必亡（hàn zì bú miè,zhōng guó bì wáng/ハンズー ブミェ，ジョォングオ ビーワン）」＝『救亡情報』1936年6月5日号に、「前進思想家魯迅訪問記」所載＝。

日本では「漢字滅びざれば、中国必ず滅ぶ（漢字が滅びなければ、中国はきっと滅ぶ）」と訳され、魯迅の有名な「漢字亡国論」として広く伝わっています。

魯迅（Lu-xun・1881～1936）は本名、周樹人。浙江の人。中国、アジアの文学の近現代を代表する高名な作家であり、思想面でも近代中国の指導的地位にあった思想家です。若い頃、日本に留学、医学を学んだが、文学による愚弱な民族性の改造を志しました。1918年発表の処女作『狂人日記』は、中国近代文学の成立を告げる記念碑的な作品です。狂人の日記に託して中国伝統社会の非人間性を新しい白話（口語）文体と斬新な手法で暴き、第一小説集『吶喊』に収められた『阿Q正伝』『故郷』などの作品の多くは、当時の「病態社会の不幸な人々」つまり「人」の欠如態を描き、旧社会の病根をえぐり出し、第二小説集『彷徨』、散文詩集『野草』とともに、自身の苦悩、寂寥を克服しながら、中国人の魂に潜む「馬々虎々（なおざり）」な奴隷精神に警鐘を鳴らし、未来への「希望」と「夢」を短編の作品に託し続けました。

新中国の文字改革への“口火”を切る象徴的な“魯迅語録”「汉字不灭，中国必亡」から70年を経た21世紀の中国は、近代社会主義国家として厳然と存立し、漢字もまた簡体字を「国家通用言語」の「規範文字」にして健在、活用され、「亡国」どころか、世界的にも経済、文化、社会の驚異的な発展を遂げています。

「魯迅が今日生きながらえていたら、21世紀の漢字の現状をどう受けとめるだろうか……」

こんな疑問と好奇心を抱いて2002年9月23日、魯迅ゆかりの上海・魯迅記念館を訪ねました。市の北東部、東江湾路の魯迅公園一角に魯迅像と毛沢東揮毫の「魯迅先生乃墓」があり、記念館は瀟洒な二階建て、館内には、直筆の原稿、初

上海、魯迅記念館の魯迅の銅像と筆者（右から２人目）

版本、人民英雄記念碑的な「民族魂」の銅版彫刻六本、写真などが展示され、1932年上海事変当時、魯迅が日本軍などの圧迫から逃れて避難した「内山書店」（日本人で魯迅と親交、よき理解者だった内山完造経営）も再現されています。

折しも、日中国交正常化30周年。日本人の観光客の来館も多く、９月25日の「魯迅生誕121年」イベントの準備に忙しい張嵐、王錫栄・両副館長に素朴な疑問をぶつけました。

お二人は「魯迅先生が生きておられたら、大衆化され、現代化して進化する漢字文化の動向を熱烈歓迎していることでしょう」と、にこやかに魯迅語録がもたらした中国社会の“継往開来”（前人の事業を受け継ぎ、将来の発展に道を開く）の意義を解説して下さいました。

副研究員でもある張嵐副館長は「応用文学史上的一場革命（実用文学史における革命）」と題する研究論文を私に示して、要旨次のように話されました。

魯迅提唱の漢字改革は、彼の弟子周文(陝甘寧辺区政府事務局長)によって「新実用文体の改革」に発展し、新中国政権誕生への文化的貢献を果たし、彼の改革案によって実用文体を「民主的、大衆的、科学的」なものにし「書きやすく、わかりやすく、有効的」に実用文として役立つように改革し、漢字同様に、科挙など「封建特権階級」のものから「大衆」に解放された意義は大きい……と。

また、魯迅の夫人、許広平さんは1956年「ことばの教育」誌の没20年記念特集企画に寄稿した「魯迅と漢字改革」のなかで「中国語のローマ字表音規則（漢語拼音ローマ字表音表記)」草案に触れて「魯迅が生前の持論だった漢字改革とラテン化の差し迫った要求を（この草案は）具体的に実現しました。惜しいかな、魯迅はあまりにも早くわれわれと別れてしまいました。もしも、いま生きていて、新中国の成長と発展を眺めたならば、またもしも、新中国の偉大なる改革と成功のなかに、中国文字改革委員会の仕事が混じっていることを眺めたら、どんなに喜んでいたでしょうに」と呉玉章語録(後記）と同じ見解を述べています。そして、魯迅の「人類はやがては、なにか共通の言葉を持つに違いない」との述懐も紹介しております。

「汉字不灭,中国必亡」と魯迅は「何が故に」漢字をスケープゴートに、こうした衝撃的な極論を発したのでしょうか……。

この簡勁(表現が簡潔で力がこもっていること)なコメントと21世紀の漢字の健在ぶりとを重ねて考えておりますと「天動説から地動説へ」コペルニクスの転回を彷彿させせました。

魯迅の「儒教批判、封建制打破」と深く結びつく「漢字亡国論」の真髄に迫りたいと思い、私は放送大学「中国の言語文化（'02）――魯迅と荘子」と同大学大学院文化科学研究科「言語文化研究Ⅱ　中国の言語と文化――魯迅『野草』を読む・中国語構文論」の講義をCSラジオ放送で学びました。

「中国の言語文化（'02）」の主任講師丸尾常喜先生は放送大学客員教授、大東文化大学外国語学部教授（現代中国文学専攻）、わが国を代表する魯迅研究家。訳書に魯迅の第二小説集『彷徨』(「魯迅全集第2巻」)、「中国の人と思想」シリーズ⑫『魯迅～花のため腐草となる』(集英社)、『魯迅「人」「鬼」の葛藤』(岩波書店)、『魯迅「野草」の研究』（東京大学東洋文化研究所、汲古書院）などの著書があります。

丸尾先生は「漢字と文言」の講義のなかで「魯迅はこのむずかしい漢字のために大多数の者が文字による意思表現やコミュニケーションを欠く状態を『声なき中国』と呼び、『漢字が滅びるか、中国が滅びるか』といった危機感を抱き、漢字のローマ字化に賛成していた」と解説されています。

魯迅の「ナマの言葉（漢語）」で接したくて丸尾先生に、この発言と関連する魯迅の文献を尋ねました。

2002年5月25日付で、刘运峰編「魯迅佚文全集」に記載されていますと「魯迅文言」の中文コピーをわざわざ同封されて、以下のようなご丁重な回答を頂きました。

「漢字が滅びなければ、中国はきっと滅ぶ」（"汉字不灭,中国必亡"）という語の出所は『救亡情報』1936年6月5日号に、「前進思想家魯迅訪問記」（記者・芬君）という題で掲載されたインタビュー記事です。今は刘运峰編「魯迅佚文全集」上・下（群言出版社、2001年9月）の下巻に収められています。

講義で「漢字が滅びるか、中国が滅びるか」と言ったのは『救亡情報』の語の言い換えでもありますが、魯迅自身が編集した『花辺文学』中の《汉字和拉丁化 hàn zì hé lā dīng huà/ハンズー ホー ラー ディン ホア》で“如果大家还要活下去，我想：是只好请汉字来做我们的牺牲了。rú guǒ dà jiā hái yào huó xià qù,wǒ xiǎng shì zhǐ hǎo qǐng hàn zì lái zuò wǒ men de xī shēng le ルー グオ ダー ジア ハイ ヤオ フオ シア チュイ，ウオ シアン ：シー ジー ハオ チン ハン ズー ライ ズオ ウオ メン デェ シー ション レェ”、“为汉字而牺牲我们，还是为我们而牺牲汉字呢？wèi hàn zì ér xī shēng wǒ men,hái shì wèi wǒ men ér xī shēng hàn zì ne? /ウエイ ハン ズー アル シー ション ウオ メン，ハイ シー ウエイ ウオ メン アル シー ション ハン ズーナー?”（「注A」）、『且介亭杂文 qiě jiè hēng zá wén/チエ ジエ ホンザァー ウエン』中の《中国语文的新生 zhōng guó yǔ wén de xīn shēng/ ジョォン グオ ユィ ウエン デェ シン ション》に“我们应该以最大多数为根据，说中国现在等于并没有文字”。wǒ men yīng gāi yǐ zuì dà duō shù wéi gēn jù,shuō zhōng guó xiàn zài děng yú bìng méi yǒu wén zì/ ウオ メン イン ガイ イー ズォイ ダー ドゥオ シュー ウエイ ゲン ジュ,シュオ ジョォン グオ シエン ザァイ ドン ユィ ビン メイ イオウ ウエン ズー。/这样的一个连文字也没有的国度，是在一天一天的坏下去了。zhè yàng de yí ge lián wén zì yě méi you de guó dù,shì zài yì tiān yì tiān de huài xià qù le/ジェイ ヤン デェ イー ゴー リエン ウエンズー イエ メイ イオウ デェ グオ ドゥー，シー ザァイ イー ティエンイー ティエン デェ ホアイ シア チュイ レェ”（「注B」）、同じ文集中の《关于新文字——答问 guān yú xīn wén zì–dá wèn/グアン ユィシン ウエン ズー——ダー ウエン》に“汉字也是中国劳苦大众身上的一个结核,病菌都潜伏在里面,倘不首先除去它,结果只有自己死。hàn zì yě shì zhōng guó láo kǔ dà zhòng shēn shàng de yí ge jié hé,bìng jūn dōu qián fú zài lǐ miàn,tǎng bù shǒu xiān chú qù tā,jié guǒ zhǐ yǒu zì jǐ sǐ/ハン ズー イエ シー ジョォン グオ ラオ クー ダー ジョォン シェン シャン デェ イー ゴー ジエ ホー,ビン ジュン ドウ チエン フー ザァイ リー ミエン,タン ブー ショウ シエン チュー チュイ ター,ジエ グオ ジー イオウ ズー ジー スー”（「注C」）、同じ文集中の《答曹聚仁先生信 dá cáo jù rén xiān shēng xìn/ダー ツァオ ジュ ルェン シエン ション シン》に“汉字和大众,是势不两立的 hàn zì hé dà zhòng,shì shì bù liǎng lì de/ハン ズー ホー ダー ジョォン、シー シー ブー リアン リー デェ”（「注D」）などとあるのによるものです。

「声なき中国」というのは、《无声的中国 wú shēng de zhōng guó/ウー ション デェ ジョォン グオ》と題した講演（1927年２月18日香港の基督青年会で行った）によるものです。

むろん今ではコンピューターが漢字の電子化に成功し、中国の生産力が上がり、社会制度が改善され、教育が向上しましたので、初学期のハンディキャップが大きいのは変わりませんが、中国文化の内蔵品である漢字を用い続け、ローマ字は漢字の発音習得のための手段として用いるというのが今日の全体的な考え方です。

《お断り》 丸尾先生書信の「魯迅語録」は「中文」のみで、拼音ローマ字表音表記、カタカナ読みは、原則的に㈱高電社の中国語ソフト「ChineseWriter7」の「漢字ピンイン変換、カタカナ表記」機能を活用しました。

中国語の発音を日本語のカタカナ表記するのは所詮、無理があり、人それぞれに多少の差異があります。

例えば、文末の「了」は「ChineseWriter7」は「le・レェ」と表記していますが、「中国語会話とっさのひとこと辞典」(DHC社刊)の「了」のルビは「ラ」、「的」も「ChineseWriter7」は「de デェ」ですが、「中国語会話とっさのひとこと辞典」は「ダ」と記しています。

本書では、他の章を含めて中国語の変換処理は「ChineseWriter7」の表記を踏襲します。

＊　＊　＊　＊

魯迅は1930年代、当時不治の病とされていた結核に漢字をなぞらえて、漢字の徹底的な改革、ラテン文字化を主張しました。

『花辺文学』の中の「漢字とラテン化」で「漢字のために我々を犠牲にするか、それとも我々のために漢字を犠牲にするか？　これは、まだ気が確かである人ならば、だれでもすぐ答えることができるであろう」「漢字に我々の犠牲になってもらうほかはない」(丸尾書簡の「注A」参照)とし、1934年12月「新文字について——質問に答える」で「漢字は、中国の働く大衆の身体に巣くう結核でもある。病菌が内部に潜伏していて、まっさきにそれをとり除かないなら、結果は、自分が死ぬより仕方がない」(「注C」参照)、また「中国の言語と文章の新生」で「現在の中国は、文字がないに等しい。文字すらない国は、一日、一日破滅していく。中国人が、この世界にもし生存したいなら、まっさきに、知恵と力の伝播を阻碍する結核——非口語文と四角の文字をぜひ除去しなければならない」(「注B」参照)。「門外文談」でも「わが中国の文字は、大衆に対して、身分、経済などの制限の外に、更にもう一つ高い敷居を加えようとする。それは『難しい』ということだ。この敷居だけでも10年程の時間を費やさなければ、またぐのは難しい」「漢字と大衆は両立しない」（「注D」参照）などの記述があります。

漢字の「易姓革命」

これらの激しい論調からは、漢字の弊害を「没法子 méi fǎ zi/メイ ファー ズー（仕方がない、しようがない）」と看過できない魯迅の「憂国の情」「文字改革」への強い意気込みが読み取れます。

中国古来の政治思想にある「易姓革命」とは、「天子は天命を受けて天下を治めるが、もしその家（姓）に不徳の者が出れば、別の有徳者が天命を受けて新しい王朝を開くということ」（『広辞苑』）です。

魯迅の漢字の廃止、ローマ（ラテン文字）字化論は一部特権階級の支配の道具になり、文字本来の“徳”を喪失した漢字を“天子”に見立てた、さしずめ「文字の易姓革命」を想起させます。魯迅は「漢字は愚民政策の利器。漢字と大衆は両立せず、知力の伝播を妨げる結核」と決めつけ、中国語の「ローマ字表記（ラテン文字化）」運動を熱烈に支持し、究極の理想を封建支配の道具だった漢字の廃止に置いていました。

1916年から５年間の「五四文化革命」や1919年の学生、民衆による反帝、反封建の「五四運動」の蜂起などで「封建制打破」と「儒教批判」は避けては通れない歴史の必然となって高揚していました。

“幻灯事件”その時、歴史は動いた……

2004年は、日本とロシアが中国東北部で覇権を争った「日露戦争」開戦（1904年）から100年に当たります。魯迅は開戦の年の8月、仙台医学専門学校に入学し、2年間医学を学びます（来日はその2年前の2月）。

仙台医専で魯迅が1906年、授業の合間にたまたま見たスライドに映し出された、日露戦争での日本軍による中国人スパイの処刑シーンとそれを無表情で傍観するだけの中国の同胞……。その場面を見た瞬間、近代中国革命への、漢字改革への歴史は動いたのです。のちに“幻灯事件”と称される出来事ですが、魯迅をして「医学より当時の中国人の愚弱な精神の改造が急務だ」と痛感させ、中国人の思想改造を啓発する文筆活動に志を変えさせるきっかけになりました。これが彼の人生の「エポックメーキング」な体験です。

儒教批判、封建制の打破

この当時、清朝末期の中国はアヘン戦争（1840～42年）後の帝国主義の列強に侵略され、半封建社会で、政治、外交、経済の混迷から人民の間には「**马马虎虎**　mǎmǎhūhū/マーマーフーフー(欺瞞を含む人間的ないい加減さ、ぞんざいである)」「**没法子**（仕方がない）」の言葉に象徴される退廃的で無気力な風潮が中国社会の病弊になっていました。幻灯事件のシーンは、まさにこの風潮を端的に映し出していたのです。

もともと漢字は殷王朝の「神意を知るための卜《うらない》」から生まれた甲骨文字以来、「特権階級」のものであり、周代の封建制とともに皇のものであり、伝統的に「文字」を神聖なものと考える習慣がありました。周代の封建制とともに皇帝の下、専制的な政治権力体制を支える特権階級の「支配の道具」としても利用されて来ました。また儒教も春秋戦国時代、孔子が説いた仁、礼、義、忠、恕、孝、悌、中庸などの道徳観念とは乖離して、権力側が意のままに社会を統治する方便にされていました。人民は「儒教」に潜む様々な「馬々虎々」が存在し、「礼教食人」(封建社会の礼儀と道徳、つまり儒教が支配貫徹の道具になり、果ては「食人」ともいうべき非人間的な封建道徳の支柱）と化し、「没法子」と諦める、愚弱な精神がはびこっていました。

そんななかで「亡国」を絡めての「漢字滅びざれば……」の衝撃的な極言には、魯迅の抑え難い「憂国」の思い、文字改革に託す「救国」の心情があふれました。やがて革命中国成立への思想革新の“スローガン”のようになり、文字改革推進・漢字再生への転機につながる指導的な役割を果たしたといえましょう。

2.　毛沢東と文字改革論

「文字は一定の条件のもとに改革されねばならない。ことばは民衆に近づけなければいけない。大衆を知るということは、限り知れぬ豊かな革命文化の源泉である」
「文字改革は世界の文字に共通する表音文字の方向に進まなければならない」

毛沢東（1893～1976）は「中国の政治家・思想家。湖南の人。1921年中国共産党創立に参加。農民暴動を指導し、朱徳とともに紅軍を組織、31年江西省瑞金で中華ソビエト共和国臨時政府主席に就任。34年長征を敢行し根拠地を陝西省に移動、日中戦争には国共合作して抗日戦を指導。戦後は蒋介石を打倒して、49年中華人民共和国を建設、国家主席となった。59年党主席に専任したが、66年文化大革命を起して、再び全権を掌握。死後、晩年の指導の誤りを指摘される。著書に『新民主主義論』『連合政府論』『矛盾論』『実践論』など。詩詞をよくした」（『広辞苑』）。

革命・新中国建国の父、毛沢東の行政手腕は「文字改革」で強力なリーダーシップを発揮しました。彼の「文字論」は、解放前の1940年に執筆した『新民主主義論』の中で「文字は必ず一定の条件のもとに改革されねばならないし、ことばは民衆に近づけなければならない」の有名なことばで始まります。建国10日後に「中国文字改革研究委員会（中国文字改革委員会に改称）」を立ち上げ、国家の最重要事業として取り組み、そのテーゼ（根本方針、提案）を示した“毛沢東語録”を年次順に追い、検証してみましょう。

さねとうけいしゅう著『中国の文字改革』（くろしお出版）には、文字改革の草案が“現在進行形”で展開されている当時の中国の状況が具体的に、そして鮮明に紹介されています。

1958年に初版（71年に増補）が発行されましたが、絶版になっています。丸尾先生のお薦めで島根県立図書館にわずかに蔵書されていたのを借り出し、遠藤紹徳著『早わかり中国簡体字』や倉石武四郎著『漢字の運命』などとともに参照、抜粋してみました。

毛沢東語録「表音文字化」へ大号令

建国後の1951年8月に、毛沢東は「漢字は必ず改革し、世界の文字に共通する音標（表音文字）の方向に進むべきだ」と文字改革の大号令をかけ、中国語表音案を提起しました。

ただ、その頃は国内情勢を配慮したものか「文字の形式は民族的であり、字母は現在の漢字に基づいて定める」、つまり漢字形式の案を採用することを付け加えています。これを受けて、文字改革研究委員会は「現在の文字」を簡易にすることと「将来の文字」を作ることを二大目標として取り上げました。

1951年に、毛沢東は「漢字の表音化には多くの準備が必要であり、表音化を実現する前にどうしても漢字を簡略化して当面の使用に役立てると同時に、いろいろな準備を積極的にすすめなければならない」とし、53年にはまた「漢字の数を大幅に減らすべきで、形の上での簡略化と数の上での簡略化を同時にやって初めて簡略化したといえる」と指示しています。ひとえに漢字の字形が複雑で、きわめて覚えにくかったからです。

だから、まずこれを簡単にすることであり、「文字改革」に取り組む際の基本的な認識につながりました。

これらの命題は、1956年1月28日の「漢字簡略化方案」の公布と58年2月11日の「漢語拼音方案」の公布に反映され“20世紀の中国語”の骨組みは整いました。

「字体の革命」――簡体字の登場

簡体字が中国の正式の字形になって、新聞雑誌、公文書はすべてこの字体で統一され、しかも「横書き」になりました。これは日本でいう「略字」といったような中途半端な弥縫策ではない、20世紀の「字体の革命」といってよいほどのものです。

ただ「毛提案」のうち、当初の「文字の形式は民族的であり、字母は現在の漢字に基づいて定める」漢字形式の採用は、文字改革委員会の多数の委員が賛成しなかったし、社会の多くの人たちは世界で便利に通用するローマ字表音表記採用に傾いていたので、毛沢東も放棄しましたが、もうひとつの「世界の文字に共通する音標（表音文字）の方向に進むべきだ」に収斂されました。

20世紀の始皇帝

毛沢東は秦の始皇帝にたとえられます。漢字の歴史で、文字の整理統合を図り、読み易く書き易くするために、政策として文字の形を規範化し簡易化したのは、秦の始皇帝に始まると文献にあります。

始皇帝は天下を統一し、強力な中央集権制度を敷き、増える文書を効率的に処理するために各地方によって違う字体を統一するなど、文字の規範化と簡易化を重要な政策としました。始皇帝の34年、紀元前213年には焚書を行い、秦の李斯の創始した「小篆」で書写の便をはかりました。2,100余年後、呉玉章・主任らの中国文字改革委員会による“20世紀の中国語”の統一が実現しました。

甲骨文に発して金文・大篆・小篆・隷書を経て、楷書に至って停止していた中国での漢字の字体変遷の上で、20世紀の「字体の革命」は、秦の始皇帝をもしのぐ驚嘆すべき出来事です。

大矛盾のなかの小矛盾

21世紀の時点で「三大文字改革」の歩みを振り返ってみますと、中国人のものの考え方の態度がよく投影されています。

毛沢東自身が書いた『矛盾論』――抗日戦争勝利のために共産党が蒋介石の国民党と手を結んだ、いわゆる「国共合作」。大きな矛盾（抗日戦争）解決に小さな矛盾（国民党との抗争）を抱えたまま妥協する。二律背反でなく「矛盾」を踏まえて二律両立させる「Aでもあれば、Bでもある」という中国人のものの考え方が「言語と文字」の方面にもよくあらわれている――さねとうけいしゅう著『中国の文字改革』の「幾筋の道」の項の解説を読んで、魯迅の漢字亡国論も、毛沢東の言語政策の命題の「ブレ」も、つまるところは漢字の抱える「大きな矛盾」と「漢字改革」の過程で生じる小さな「矛盾」の調整であったことが理解できました。

すなわち「難しい」ことでした。そのために、本来、文化や知識を伝える「道具」であって、文化そのものではない文字が、一般大衆の使用に不都合で、民衆は漢字と何の関係もなかった、一部少数の支配階級を培うオモチャ、封建勢力の人民統治の道具に供されてきたという漢字が内蔵してきた大矛盾です。

新中国の建国で人民に革命思想、文化を伝えるには文字が必要となりました。文字を必要とする「量」（民衆）が増えたのだから、いままで使用に不都合だった文字の「質」も変わらなければならない。この新たに生じた小さな矛盾を「表音文字化」も「簡略化」も車の両輪にして走り続けた「ゴール」が三大文字改革です。

霊活性、柔軟性——「原則」の周りに余裕

国際教養大学の中嶋嶺雄・学長は『漢字文化を考える』（大修館書店、91年4月刊）に「漢字文化というひとつの共通性の中にある違い、異質性を主体的に探し当てることが大事。中国の民族の癖をよく見ていると、原則は唱えるけれども、その原則の周りに、ある種の融通性がある。中国語で『灵活性 líng huó xìng/リン フオ シン（霊活性《れいかっせい》、臨機応変である、弾力性がある）』という言葉が当てはまる。魂が生きているようなフレキシビリティ（柔軟性）がある。原則の周りにある幾つかのアローワンス（余裕）というか、中国も許容し得るような部分で日本が対応していったら。今日の経済発展の中で持っている漢字文化の社会的意義を考える必要がある」と記述しています。

3. 呉玉章——大衆の中から大衆の中へ

「幾千年も前から地中に埋まっていた甲骨文字までも発掘し研究しているのだから、偉大なる作用をした漢字を

なくしてしまうはずがない」
「われわれは漢字改革を叫ぶが、漢字廃止は叫ばない。漢字はいつまでも存在し、いつまでも学ぶ人があり、いつまでも使う人があるはずだ。魯迅があの頃（漢字亡国論）ああ言ったのは漢字改革の差し迫った必要を強調するためだ」

中国文字改革協会は、建国10日目の1949年10月10日、結成され、中国文字改革研究委員会→中国文字改革委員会と組織名は変わりましたが、「三大文字改革」を国家事業として立ち上げ、一連の機関の代表者として実務面で活躍した立役者は中国革命の元老でもあった呉玉章主任です。

毛沢東の「知恵袋」

「新華詞典」などによりますと、呉玉章は1878年、四川省の出身。中国プロレタリア革命家、教育者。若くして日本に留学、1905年同盟会に、1911年に辛亥革命に参加、14年フランスへ留学、25年中国共産党に入党、ソ連に赴き、モスクワ東方大学中国語主任のかたわら30年前後には「ラテン化新文字」の創作に当たり、38年から中国共産党中央委員。抗日・解放戦争の時期は、延安魯迅芸術学院院長、延安大学校長、49年（新中国成立）以降、文字改革委員会主任、中央人民大学校長などを歴任、1966年北京で病死する88歳まで文字改革を生涯の仕事としました。

毛沢東の「知恵袋」的存在で、1940年2月20日発表の「新民主主義的憲政」にも「呉老」の表現で当時、延安各界民主化促進会理事長だった呉玉章の名前が度々あげられ「中国の民主化とその前提になる文字改革の必要性」についての呉進言を紹介し、革命・建国の政策に反映していったことをうかがえる記述が随所に見られます。

「中国の文字改革」の取り組みについて、呉玉章は「方案」採択の2年後、1960年秋訪中した「中国文字改革視察学術代表団」（土岐善麿団長）と会談しています。その内容が代表団の一人で国語審議会副会長だった倉石武四郎氏（中国文学者）の著作集第二巻『漢字・日本語・中国語』に、概略下記のように呉玉章の“生の言葉”も随所に織り込んで記載されています。

音標文字の変遷史

呉玉章・主任が語ったローマ字綴り制定の「漢語拼音方案」成立までの経緯の要点を次に記します。

①「中国の文字改革」は1900年前後から始まり（成案を見るまで）おおよそ60年の歴史を持つ。その間、日本の仮名文字にならった中国の字母の創作なども試みられたが、その頃の支配階級は熱意を示さず、抑圧されていた人民の側からも、なんの声もあがらなかった。

②辛亥革命（1911年清朝を倒した中国の民主主義革命）のあと1913年に北洋軍閥政府教育部に「読音統一会」が出来、そこで「注音字母」が製作された（40の字母は文字改革にとって大きな功績で、いまのローマ字表記の声母韻母の組み立て方は、ほとんど注音字母の組織をそのまま使用している）。ただ「注音字母」はその形体が、漢字の古い形の偏や旁《つくり》などをとって少

し手を加えて作られ使用に不便であった。

③ローマ字を利用した国語ローマ字も考えられたが、綴りかたが複雑なため不便であった。

④それを改良し、中国語の特色に合わせたローマ字綴りにした「ラテン化新文字」（1931年ウラジオストックで開かれた中国新文字第一次代表大会で可決）が1930年から40年にかけて、古文をやめて大衆語を用いようという運動とともに大衆から支持され、共産党指導下の江西のソヴィエト地区で実行され、延安でも一時採用された。

⑤1949年の解放後、党と人民政府は文字改革を支持し、また指導した。10年来、多くの同志がこの仕事に従事し、そのあいだから「漢語拼音方案」（中国語のローマ字綴りかた）が生み出され、広く専門家の学説に徴すとともに、大衆の意見を集めて作られた。

注音字母から国語ローマ字、そしてラテン化新文字から現在のローマ字へと、それは音標文字の変遷史です。

「方案」は長い時間をかけて工夫され、党の指示で「国際性のあるローマ字を採用する」ことに決まりました。それは「ある特殊な国の文字でなく、長い間、国際的に使われてきたものであり、遠い将来には、すべての国の文字になるべきものだから」と語っています。

その過程で問題になったのは「注音字母が使えるかどうか」で、いわば中国でつくられた字母の利用が考えられたがうまくいかなくなった。前後して、何百という多数の案が提出、研究されました。

中国文字改革委員会の①漢字を簡単にすること。②共通語を普及すること。③「漢語拼音方案」をひろめること――の三つの任務は大衆に歓迎され、農民、労働者の「業余教育」(成人補修教育)に使用され「文盲一掃」のためにも大変な貢献をしました。このうち③の「漢語拼音」で音標文字をローマ字綴りにするのは国際性への対応とともに、国内にある50余の少数民族の言語・文字への配慮がなされてのことです。普通話の普及だけでなく、自分の文字を持っていない民族が文字をつくったり、改革したりする上にも「漢語拼音方案」をベースに、漢字各民族人民が、互いに学習しあい、意思を通じあう上にも大きな利益をもたらしました。

「約定俗成・穏歩前進」の原則

①の漢字を簡単にする、全部で2,235個に及ぶ簡体字(「簡化字総表」1986年版による)が社会にスムーズに広がった理由は「約定俗成」(社会の約束事として定着させ、習慣が定着すればやがてそれが原則となる)と「穏歩前進」(穏やかに進める)という方法を漢字の簡略化の大原則に採用したことによります。

その理念は、漢字簡略化にあたって「大衆のなかから、大衆のなかへ、集中した上で堅持してゆく」作業法で貫かれました。

例えば1955年1月に発表した「漢字簡化方案」の草案は各方面に30万部配布され、全国の文字学者や各省市の学校の語学教師、軍隊、労働組合の教育担当者まで約20万人が討議に参加して意見を出し、その年の10月まとめられました。

中国文字改革委員会の人たち自身が「広汎な大衆による漢字簡略化は、大衆の創意性と豊かな英知をあます所なく示しています。我々のやっている漢字簡略化の仕事は、大衆の略字づくりの法則を総括し、大衆の漢字簡略化のルール（方法）を応用して大衆の間で広く使われている略字を広汎に収集した上で、漢字を整理し、簡略化することにほかならない」として、作業はまず長い間民間に流布し、すでに市民権を得ている簡体字を整理して検討することから始まりました。あとはこれに必要最小限の修正と補足を施したのです。つまり、大衆の習慣に従い、社会の流れに従って事を進めれば、半分の労力で倍の効果をあげることができる方法をとりました。

最初に認定された515字の簡体字のうち324字（63%）は1956年以前から存在した「俗字」（本来の字形や古代の異体字、或いは通用字体、さらには習慣的に使われてきた字形を含む）です。それまで何百年、或いは千年以上にわたって使われ続けてきました。「宋元以来の俗字譜」（1930年に編集）には1,600字余りの簡体字が収集されており、偏・旁を「又」に記号・簡略化した簡体字はみな宋元時代以来、長い間使われていた民間の簡体字であり、それを正式に採用したのは、社会的な慣習がやがて規則となっていくという原則に合致しています。「第一次漢字簡略化案」に収められた略字は、そのほとんどが、長い間民間で広く使われてきたものです。「約定俗成」という原則は非常に重要で、文革中の1977年の「第二次漢字簡化方案（草案）」が多くの人から反対され、最終的には廃棄されてしまったのは、この原則にのっとっていなかったからとされています。

まさに論語の「温故而知新，可以师矣（ wēn gù ér zhī xīn,kě yǐ shī yǐ / ウエン グー アル ジー シン，コー イー シー イー）」。すなわち、「故《ふる》きを温《たず》ねて新しきを知る、以て師為るべし（過去の事柄や先人の思想をじっくりおさらいして、そこから新しいことがさとれるようなら、人の教師となれるであろう：小学館『中国名言名句の辞典』）といえましょう。

呉玉章・主任は「中国文字改革視察学術代表団」との会談で「文字改革は、政府の指示と提唱がなくてはやれない。人民政府のもとで、はじめて実現した」と述懐しています。

3人に共通するキーワードは「民主的、大衆的、科学的」です。

とかく、世の中の変化とともに変わる様のくだけたたとえに「歌は世に連れ、世は歌に連れ」といわれますが、殷・周時代から3,500年に及ぶ漢字は「世に連れて」改革を続けてきました。

そのなかで新中国の漢字簡略化は国家の言語文字政策として推進され、長期間にわたる文字使用の混乱状況を改善し、全国に通用する漢字の規範を確定してきました。

「国家語言文字工作委員会」主宰の「語言文字報」1992年1月12日号に「簡化漢字は歴史の必然であり、広大な人民の選択である。我々は簡化漢字に対して充分に自信を持つべきである」と記述（藤井久美子著『近現代中国における言語政策——文字改革を中心に』三元社2003年2月刊）されています。

＊　＊　＊　＊

17世紀に近代科学が成立し、拡大発展したことを20世紀のイギリスの歴史家バターフィールドは「科学革命」と呼び、その前後で時代が二分した「人類史最大の分岐点」とみたように、東アジア漢字文化圏での20世紀後半から21世紀初頭にかけては「文字革命の画期」と誇張してもおかしくありません。つまり漢字・電脳新時代へ羽ばたく“進化の時代”の幕開けになったといえるでしょう……。

第５章　漢字に新しい息吹──“進化”の諸相

1. おや！　この字は？

「汉字」「丰田汽车」「面包车」「抗美援朝」「电脑」「个人电脑」「短信」「手机」「互联网」「上网」「上网聊天儿」「手提式电话」「硬件、软件」「卡拉奥凯（OK）」「可口可乐」「拉致」「炭疽菌」「消費委縮」「ユビキタス（日本）」「ＳＭＳ社会現象（中国）」

「おや！　この字は誤植？　新語？……」。21世紀初頭の日本の新聞、雑誌や中国語のテキストで、また、中国を旅して街角の広告、看板などで見かけ、首をかしげた文字です。まるで、クイズの難問のよう。簡便な漢和辞典を引いても容易に出てこない。実は中国漢字（簡体字）や日本の漢字表記、コンピューター、IT関連の“珍しい”「文字」、「新語」です。

例示の解答は──

「汉字（ハンズー）＝漢字」「丰田汽车（フォンティエンチーチョー）＝トヨタ自動車」「面包车（ミエンバオチョー）＝ライトバン」「抗美援朝（カンメイユアンチャオ）＝アメリカに抗し、北朝鮮を助ける（朝鮮戦争当時の中国のスローガン）」「电脑（ディエンナオ）＝コンピューター（正式な中国語訳は电子计算机）」「个人电脑

（ゴールェンディィエンナオ）＝パソコン」「短信（ドアンシン）＝電子メール」「手机（ショウジー）＝携帯電話」「互联网（フーリエンワン）＝インターネット」「上网（シャンワン）＝インターネットにアクセスする」「上网聊天儿（シャンワンリアオティィエンァ）＝チャット、おしゃべりする」「手提式电话（ショウティィーシーディィエンホア）＝携帯電話」「硬件（インジエン）＝ハードウェア、软件（ルゥワンジエン）＝ソフトウェア」「卡拉奥凯（OK）カーラーアオカイ＝カラオケ」「可口可乐（コーコウコーレェ）＝清涼飲料コカコーラ」「拉致＝らち（〈拉〉は日本では表外字で新聞では〈ら致〉と表記してきましたが北朝鮮の拉致問題がクローズアップされてから〈拉致〉に）」「炭疽菌＝たんそきん（疽も「9.11テロ」直後は〈炭そ菌〉と漢字仮名交ぜ書きだった）」「消費委縮＝しょうひいしゅく（委＝〈萎〉の代用漢字）」「ユビキタス（日本）＝情報ネットワークの新語で〈誰でもいつでもどこからでも〉の意味」「SMS社会現象（中国）＝携帯ユーザーに受け入れられている（ショート、メッセージ、サービス・便利さ、即時性、低価格）現象の略語」。

ちなみに、これらの文字がどの程度「通用」しているか。2004年5月、遼寧師範大学日本語学部2003級研究生9人にアンケート調査してみました。

日本語学習歴5年、能力検定試験1級合格の20歳代、男性1人、女性8人。即座に読めて、意味もわかる「◎」、読めるが意味の理解に苦しむ「△」、読めない、わからない「×」記入方式で、9人全員が「◎」だった文字は、「汉字」「丰田汽车」「面包车」「电脑」「短信」「手机」「上网」「上网聊天儿」「可口可乐」の９文字。中国の若者の「親指族」ぶり、携帯電話の普及がうかがえます。

「个人电脑」「互联网」「手提式电话」「硬件、软件」「卡拉奥凯（OK)」も１～２人を除き理解度は高く、「ユビキタス」「拉致」「炭疽菌」「消費委縮」など、日本の新聞によく出る文字は「ＳＭＳ社会現象」とともに瞬時に理解「◎」は半数以下でした。

一方、福岡市東区香椎の「中国語」サークルで学ぶ中高年齢の生涯学習者（中国語学習歴２年～７年）９人にも同じアンケートを試みました。

「汉字」「丰田汽车」「电脑」「手机」「上网」「拉致」「炭疽菌」などは半数以上の方が理解（「◎」）。「几（ジー）＝幾」「儿（ァ）＝児」「个（ゴー）＝個」「众（ジョォン）＝衆」「云（ユン）＝雲」など記号のような簡体字は、「众」以外はほとんどの方が理解していました。漢語拼音ローマ字表音表記「Běijīng／ベイジン＝北京」「cān／ツァン＝餐、参」などは馴染みが薄いようでした。

シンプルに――「漢が“汉”」に、「雲が“云”」に

「漢が“汉”に」「雲が“云”に」、或いは記号かと勘違いするような中国の漢字の字体はシンプルに変身しました。漢字の読み方をローマ字で表音表記する「拼音」も登場しました。

「漢字の数を大幅に減らすべきで、形の上での簡略化と数の上での簡略化を同時にやって、はじめて簡略化したといえる」「改革は世界に共通する音標（表音）文字の方向に進むべきだ」など毛沢東提言によるものです。

日本でも中国と相前後して、漢字の字数制限と字体の簡略化が試みられ、1946年に「当用漢字表」が告示され、「新字体」が採用されました。ファッション化でしょう。具体的にどう展開されたでしょうか。

2.「簡略化」——4つの基準方針

現在中国で通用している漢字は、第1章2節の冒頭で記述したように、「簡体字」が規範文字、全国通用の「正字体（正統とされる字)」です。その数は1986年修正の「簡化字総表」で2,235字です。これに対し日本の「常用漢字表」は1,945字、近年、表外漢字や人名漢字の制限が緩和、使用拡大の傾向にあります。

新中国の文字改革の一環として推進された字体の「簡略化」を検証してみましょう。

その「手引書」として、さねとうけいしゅう著『増補・中国の文字改革』(くろしお出版刊、1971年)、遠藤紹徳著『早わかり中国簡体字』(国書刊行会刊、1986年）や『中国の漢字問題』(大修館書店刊、1999年12月初版所収の陳章太「漢字簡略化の過去と現在」)、講談社『中日辞典』などを参照させて頂きました。

なかでも『増補・中国の文字改革』の著者、さねとうけいしゅう氏（元早稲田大学教授、文学博士）は新中国での「三大文字改革」直後の1960年、「中国文字改革視察日本学術代表団」の一員として訪中、5週間にわたり諸方面を視察、その後も中国の文字改革の行方を見守り、1958年2月11日、「漢語拼音（中国語ローマ字表音）方案」の公布を受けて『中国の文字改革』を刊行されました。当時の状況、実務の展開、背景を関係者の証言、関連語録などで生々しく記述されています。

漢字の字体を「簡略化」する作業は、次の「４つの基準方針」で進められました。

第一の基準——筆画の複雑な字（繁体字）はできるだけ簡体字に変える

漢字の「三難」といわれる繁体字の解消です。

例えば「憂鬱」の「鬱」の字。１点、１画、偏旁を疎かにせず、筆順を追って正確に書写するのは私には至難の業です。日本では「常用漢字」表外字として「憂うつ」と漢字仮名交ぜ書きが原則、最近では「ルビ付き」で復活してきていますが、今の中国では「忧郁 yōu yù／ユウウユィ」に簡略化されているのに驚きました。その「驚き」も「惊 jīng／ジン」です。

阿辻哲次・京大教授が「週刊現代」に連載されている「目から鱗　漢字道楽」の2004年３月６日号「鬱の巻」の解説に「簡化字」への経緯が要旨次のように記されています。

「憂鬱」をいまの中国では「忧郁」と書く。最初の「忧」は「リッシンベン」で「心」の意味を表し「尤」で「yōu／ユウ」という発音を表す。次の「郁」の使い方は日本人にはわからない。「鬱」と「郁」との間には意味の面でのつながりは全くないが、中国語では同じ発音である。それなら「鬱」のように難しい漢字を書くよりも、もっと簡単な「郁」ですませたらいいじゃないか、というやり方なのである——と。

難しい漢字の定番だったこの字もコンピューターで瞬時に書ける（打てる）ようになって、難しい漢字を書く「憂鬱さ」

は文字通り晴れるでしょうが、日本人などに果たして「憂鬱＝忧郁」と理解されるでしょうか。

第二の基準——筆画の簡単な古字があるものは、それに置き換える

3,500年前の殷周時代に亀甲・獣骨などに刻まれた中国最古の体系的な文字だった「甲骨文字」が現代に甦り、簡体字として復活しました。

先覚の文献で「字形の変化と簡略化への例」として、よく引用されている現代中国語の簡体字「从 cóng/ツォン」と「云 yún/ユン」は日本常用漢字の「従」、「雲」や繁体字の「從」と「雲」です。

“从”は付き従う様子を象形する簡単な構造でしたが、「足で歩き、道を行く意味を表わして“従”に」複雑化していました。“云”も「空にかかるもやもやとこもったさまを象形し、甲骨文字では“亏”のような字形だったのが、後に雨や天気に関係があるとして“雨”かんむりをつけて“雲”」に。ともに4画だった筆画が10画（従）と12画（雲）に増えていたのが「漢字簡略化方案」で「甲骨文字」の字形に戻りました。

第三の基準——筆画が多い簡体字のないものは、それと同音の字で置き換える

2つに大別される簡略化の片方の「発音に着目して簡略化」した漢字の「同音代替法と形声字」にあたり、その占める割合は、もう一方の「字の形だけに着目しての簡略化（特徴字・輪郭字・草書体の楷書化字・会意字・符号字）」よりはるかに大きい。

第四の基準——複雑な旁《つくり》を同音の簡単な旁に置き換える

代表的な「漢字」の「漢」の場合のように「複雑な（漢の）旁を簡単なシンボル「又」に改めるように、記号（または字）を使って簡略化されました。

例えば、偏旁を簡単なシンボル「又」に改めた12の簡体字（簡体字＝拼音／カタカナ読み、括弧内は日本の漢字の順で列記）を表示しましょう。

对＝duì／ドォイ（対）	邓＝dèng／ドン（鄧）
戏＝xì／シー（戯）	鸡＝jī／ジー（鶏）
劝＝quàn／チュアン（勧）	难＝nán／ナン（難）
欢＝huān／ホアン（歓）	汉＝hàn／ハン（漢）
仅＝jǐn／ジン（僅）	叹＝tàn／タン（嘆）
权＝quán／チュアン（権）	观＝guān／グアン（観）

12の簡体字の平均画数は5.7画、日本の漢字の平均画数14.9画に対し38.3%です。

字形が既存の体系から大きく逸脱しており、字形から発音と意味の手がかりが得られません。覚えるのに時間がかかります。「覚え」さえすれば、字を書く速度もローマ字と同じくらい。

文字改革のスタート当初はあらゆる漢字を「10画以内」に抑え、ゆくゆくは「漢字に代わる表音文字にする」という遠大な目標を掲げ、その第一歩として簡略化をすすめました。これによって全人民に通用する共通語（普通話）の普及を強調しています。

「10画以内」は57%、簡略化の主な方法

東方書店刊、商務印書館（香港）の『実用繁簡体字手冊（ハンドブック）』の「従簡化字査繁体字（簡体字から繁体字を調べる）」記載（2,261字）の画数別一覧を数えてみました。

「10画以内」は1,288字で57%を占めていますが、11～20画が958字で42.4%、21～25画は15字で0.7%。画数削減の当初の目標は中途半端に終わっています。

具体的な「簡略化の主な方法」を講談社『中日辞典』は次の10通りの展開を列挙しています（注・**簡体字**＝拼音／カタカナ（繁体字）の順で）。

①字形の一部を残す

虫＝chóng/チョン（蟲）、**广**＝guǎng/グアン（廣）、**录**＝lù/ルー（録）、**灭**＝miè/ミエ（滅）、**务**＝wù/ウー（務）

②字形の一部を残して変形

妇＝fù/フー（婦）、**丽**＝lì/リー（麗）、**习**＝xí/シー（習）、**显**＝xiǎn/シエン（顕）

③偏旁の代替

毙＝bì/ビー（斃）、**腊**＝là/ラ（臘）、**猫**＝māo/マオ（貓）、**钟**＝zhōng/ジョォン（鐘）

④繁体字の特徴や輪郭を利用

齿＝chǐ/チー（歯）、**夺**＝duó/ドゥオ（奪）、**飞**＝fēi/フェイ（飛）、**龟**＝guī/グォイ（龜）、**齐**＝qí/チー（齊）、**声**＝shēng/ション（聲）

⑤草書体の楷書化

长＝cháng/チャン zhǎng/ジャン（長）、**东**＝dōn/ドン（東）、**乐**＝lè/レェ、yuè/ユエ（樂）、**书**＝shū/シュー（書）

⑥偏旁の簡略化

邓＝dèng/ドン（鄧）、观＝guān/guàn/グアン（觀）、对＝duì/ドォイ（對）、鸡＝jī/ジー（鷄）、难＝nán/nàn/ナン（難）

⑦仮借の原理（同音代替）の利用

丑＝chǒu/チョウ（醜）、谷＝gǔ/グー（穀）、后＝hòu/ホウ（後）、几＝jǐ/ジー（幾）、里＝lǐ/リー（裏）

⑧会意の原理の利用

尘＝chén/チェン（塵）、泪＝lèi/レイ（涙）、体＝tǐ/ティー（體）、灶＝zào/ザオ（竈《かまど》）

⑨画数の少ない古字などの再利用

从＝cóng/ツォン（從）、礼＝lǐ/リー（禮）、云＝yún/ユン（雲）、众＝zhòng/ジョォン（衆）

⑩形声文字の原理を利用

肤＝fū/フー（膚）、护＝hù/フー（護）、惊＝jīng/ジン（驚）、邮＝yóu/イオウ（郵）、剧＝jù/ジュ（劇）、态＝tài/タイ（態）

異体字の整理で漢字の数を削減

字体の簡略化作業と並行しての「異体字」の整理も①「从俗＝cóng sú/ツォン スー（従俗）」、②「从简 cóng jiǎn/ツォン ジエン（従簡）」、③「书写方便 shū xiě fāng biàn/シュー シエ ファン ビエン（書写方便）」の３つの原則で進められました。

即ち――

①通用字の採用（例：「氷＝異体字」を整理し「冰 bīng/ビンを規範字」に）。

「冷蔵庫は冰箱 bīng xiāng/ビン シアン」、「氷菓子は冰点心 bīng diǎnxin/ビン ディエン シン」に。

②画数の少ない字の採用（例：「喫＝異体字」を整理し「吃 chī/チーを規範字」に）

「氵」（さんずい偏・3画）は「冫」（にすい・2画）に、「決定は决定 juédìng/ジュエ ディン」に。

③書きやすい字の採用（例：「畧＝異体字」を整理し「略 lüè/リュエを規範字」に）

旁の「劦（6画）」は「为（4画）」に、「脇は胁 xié/シエ」に。

1955年公布の「第一次異体字整理表」では、810組1,865字の中から異体字（同音同義で書き方が違う字）1,055字を整理、廃止しました。さらに、筆画の割に多い繁体字（もとの漢字）の代わりに筆画の簡単な同音字を使って、一部の漢字を削減、頻度の低い地名用字を略字に変え、一部の頻度の低い文字を廃止するなど字数を減らしました。

略字使用の基準とした「略字総表」（1964年5月、中国文字改革委員会編集発行）には2,238字の略字が収められ、2,264の繁体字が簡略化されました。

これらの略字は繁体字に比べて合理的で、筆画は半分近くも減っています。

もともと、漢字の変遷は、象形から表意になり、表意から表音になりました。表音の仮借字から表音文字へは、ほんの紙一重です。仮借文字は統一されていない・簡便でない注音字母の意味。もし「百尺竿頭、一歩進める（すでに工夫した上に、さらに向上の工夫を重ねる）」ならば、表音文字は、すぐに現れる。だから「漢字の変遷を研究すれば、漢字を革命し、表音に改めることは、まったく可能なことである」と魯迅も郭沫若もローマ字運動に熱心でした。

3. 漢語拼音方案――中国語の発音表記

「拼音」（ピンイン）は「漢語拼音」の名の通り、現代中国独特のものです。

中国の「新華詞典」を引いて要約してみました。

【漢語拼音方案】

「漢語表音案、1958年2月11日の第一回中国人民代表者大会第五次大会議で採択された、漢字の発音や中国語共通語（普通話）の語音を表記する草案。アルファベットと声調符号からなり、漢字の学習と普通話普及の手立てとした。1982年国際標準化組織は漢字を（表音文字で）綴る国際標準として決定」

同じ漢字の国、日本では使われず、馴染みはありません。

日本語の仮名に相当

従って、「漢字のルーツ中国で、その読み方を示す音標表記がローマ字（ラテン字母）とは？」――中国語学習で戸惑った日本人は多いでしょう。私もその一人です。「漢字仮名交じり日本語」は47種の音節表記（読み方）で「あいうえお」の5字10行の「50音」にまとめられ、国語の学習は平仮名、片仮名から「漢字の読み方」に入っていきます。

「漢語拼音」は、さしずめ日本の仮名に相当する中国語読み方の「振り仮名」といえましょう。そして「ローマ字表記」は中国語発音の綴り方をローマ字で表記、ということです。

「漢語拼音方案」作成の論議のなかで国際性があるとして党の指示で採用され、漢字の大いなる進化・発展につながりました。

約40年前の方案の制定時に、21世紀のIT革命やグローバリゼーションの動きを既に予測し、視野に入れていたような対応ぶり。その先見性に驚きます。

拼音は漢字の「補助的地位」

「漢語拼音方案」公布に際して呉玉章・文字改革委員会主任は1958年3月、人民代表大会で「当面の文字改革工作と漢語拼音方案について」報告し「拼音は漢字の補助的な表音の手段に過ぎない」との位置付けを明確にしました。

要約すると「漢語拼音方案は漢語拼音文字ではない。主な用途は、漢字に注音し、普通話を書き表して、識字を助け、読音を統一し、普通話を教え、学ぶことにあり、その目的は多くの人民が漢字を学習・使用するのに役立つこと、並びに漢語の統一をさらに促すことにあり、決して漢字に取って代わろうとするものではない……」。

つまり、中国の正式な文字（書写符号）は、あくまでも「漢字である」ことを全国に“宣言”し、魯迅に代表される清末民初時代から中国知識階級に根強かった「漢字廃止」論を払拭、否定したといえましょう。

「漢語拼音表記」は、中国の地名をローマ字綴りにする際の国際的規格にも採用されました。「北京」は「Bĕi jīng/ベイジン」と表記され、Pekin/ペキンではない。また、パスポートに記入する姓名は「拼音」を使ってローマ字綴りで書くように定められるなど国内外で定着しました。英語圏の外国人の中国語学習、国際交流には特に利便になり、中国、漢字理解の助けになりました。

悩まされる「拼音」と「声調」

漢字には「形・音・義」三つの要素があり、その中で中国語が日本語と大きく異なるのは「字音の重視」とされています。同じ字でも「声調」発音の違いで「意味」が変わります。

中国語の一つ一つの音節について高低・上げ下げの調子を「声調shēngdiào/ション ディアオ」といいます。声調も直後に続く音節の影響を受けて変化することがあります(声調の変化または変調という)。拼音はこうした表音表記に好都合です。

ところが、漢字文化圏の中で、日本は万葉の昔から漢字を工夫した「仮名」なる表音文字の恩恵に浴し、「漢字仮名交じりの日本語」に慣れ親しんできています。

中国語学習で「mā má mǎ mà」の４つの声調に変化する発音練習に接して「漢字の読み方をなぜローマ字で？」と日本人はいぶかります。

“六十の手習い”で中国語の学習を始めた筆者を悩ませたのは、やはり「拼音」と「声調」でした。高齢者にとっては誠にまぎらわしい。ヒアリングの聞き分け、発音、舌の呂律に……十余年経た今も難渋します。

先の「mā má mǎ mà」で、同じ「ma/マー」という音でも、高く平らにのばす「mā（一声)」は「妈（母親・お母さん)」、中位の高さから高く尻上がりに上げる「má（二声)」は「麻」、低くおさえこむように発音する「mǎ（三声)」は「马（馬)」、高いところから一気に下げて「mà（四声)」と発音すれば「骂（罵る)」と意味が違います。

中国などの「中」という字――「zhōng/ジョォン」と一声で

読むと「真ん中」の意味の「中」です。ところが「中 zhòng」と四声で発音しますと「合格」の意味を表現します。

魯迅が、中国の風刺小説の傑作とした清代の長編小説『儒林外史』(呉敬梓の作。科挙制度の矛盾を暴露し、これをめぐる読書人たちの腐敗堕落ぶりを諷刺:『広辞苑』) のなかで、主人公の「范進」が科挙の「郷試」に合格した通知をみて叫ぶセリフ「噫。好了。我中了 yī。Hǎole。wǒ zhòngle/イー。ハオ レェ。ウオ ジョォン レェ (おお、よかった。合格した)」の「中」は四声で読みます。中国・清代に流行、日本にも大正末期に伝わった室内遊戯「麻雀 (マージャン)」でも「三元 (白板・緑発・紅中)」の文字牌のなかの「中」は「zhòng」と四声発音です。麻雀用語の発声の抑揚、声を上げ下げして言葉に調子をつけて、同音語の意味を区別する、遊戯にも声調発音は重要です。

また拼音ローマ字発音もアルファベット26文字の発音とすべて同じではありません (「a」はエーではなく「アー」、「e」はイーではなく「オ」など)。26字のうち「U」「V」は普通に使えません。中日辞典のアルファベット順の索引にもありません。

2000年8月、放送大学佐賀学習センターでの「中国語入門」面接集中講義で、佐賀大学文化教育学部古川末喜・助教授(当時。現在教授) の「発音の復習」の講義を受けました。一部を紹介しましょう。

▼最も安直な「拼音の読み方」として「まず恐れずにローマ字通りに読んでみる (→かなりの発音がそれで通じる)」

▼「ローマ字通りに読めないものをチェックする」

※～ngは、「～ング」とグまで読まずに、「～ン」までで、

グッととめておく

※単母音の e は「エ」とはっきり読まずにあいまいに

※engは、「エング」でなくて、あいまいな「オーン(グ)」

※zi　ci　si は、「ズー　ツー　スー」(難しくて頭痛がする)

※ian は、「イェン」(イアンとは言えぬ)

※nü　lu は、「ニュ　リュ」

※qi は、「チ」。「キ」ではない

※x は、「シ」

※c は、「ツ」

※ti　tu は、「ティ　トゥ」。「チツ」ではなく、これだけは英語式

4. 普通話（共通語）の普及

中国では標準語を「普通话 pǔ tōng huà/ プー トン ホア」といいます。北方方言を語彙・語法の基礎とし、北京語の発音を標準にした、全国に通用する「ことば」です。社会主義社会建設のためにも、人民の政治・経済・文化の生活を発展させるためにも全人民に通用する「共通語」の普及が必要で、三大文字改革のひとつの柱に掲げられました。

北方語の語彙・語法は、古くから文学語（書き言葉）として小説に、また（役人が使う）官話として公文書などに用いられてきました。この普及は「表音文字」によって正しい発音をあらわし、学校、成人教育で教え、広めていく。それに「ローマ字」が役立つ。この流れで方向付けられた際に「同音語を

どうするか」との反対論が出ました。意味の違ういくつかの言葉が同じ発音であるため、表音文字で書くと、同じ「綴り」になる。これがローマ字の大欠点、いや「致命傷」であると……。

しかし、「同音字」ということは、言語・文字において当たり前の現象。「病態」でもなければ、「欠点」でもない、世界的現象です。ひとつの言葉（ひとつの文字）が、ただひとつの意味をもつことは理想的ですが、言語・文字のなかではあり得ないことです。

新中国の近代化には、人民みんなが教育を受け、国民誰もが共通の言葉を話し、文字を知るようになる「文盲一掃」が建国当初の何よりの課題でした。表音文字の「漢語拼音ローマ字」表記と「普通話」の普及は、その解決に表裏一体をなしています。広い国土には、おおまかに「七大方言」、「九大方言」に分類されるほど地域によって同じ文字でも言い方が異なり、発音はまちまちです。例えば日本語の「ありがとう」の漢語「谢谢」は、普通話（北方方言をベースに、北京語を標準とする漢民族の共通語）では「xiè xie/シィエシィエ」と発音するが上海語では書く字体は「谢谢」と同じでも発音は「xhiaxhia/ジャージャー」というなどのように。

漢字の読み書きの難しさはローマ字綴りの表記をすることで軽減され、方言の違いによる地域間の意思の疎通も普通話を以て中国全土の「標準音」にして、中国語は広範な大衆に把握され易いようになりました。教育・学習効果があがり、識字率の高まりとともに普通話は広い全土に浸透しています。言葉の“障壁”による政治、経済、文化活動に関する地域間の不利益な影響は緩和され「歴史上空前の言語統一」を実現する重要な役割の一端を果たしました。

＊　＊　＊　＊

「今を厚うして而して古を薄うせず、中を重んじて而して外を軽んぜず」(現実を重視すると同時に、古い伝統もおろそかにせず、中国のものを大切にすると同時に、外国のものも軽んじない)。古代に向かって伸びつつ、未来へ向かって飛躍するには、文化の領域を拡げ、東西の文化を交流させることが必要です。漢字とローマ字はよき伴侶です。縁あって結ばれ、それぞれの長所を生かして、お互いに仕事を分担し合い、世のために共に役立つ文化交流の時代の到来を物語っています。

1986年、大修館書店主催の国際シンポジウムで来日した周有光・中国国家語言文字工作委員会委員兼顧問の「漢字文化の歴史と将来」についての講演の一節です(同書店刊『漢字民族の決断——漢字の未来に向けて』に所収)。

「温故知新、漢字と漢字文化は発展しつつあります」との語りかけは「中国三大文字改革」を集約する言い得て妙な言葉。中国悠久の歴史が育んだ文化、思想、ものの考え方を端的に伝えています。

第６章　“進化”が語る漢字・簡体字よもやま話

1.　中国語の整理と発展

新中国での文字改革は、字体、字形、表音表記を変えただけではありません。文章の書き方も「縦書き」だったのが「左からの横書き」になりました。「一字一音一義」の単音節的な構造から声調の区別がなくとも解る「多音節無四声中国語」化へ、数々の質的な発展につながっています。解放前の漢字の「三難」つまり、書きにくい、見分けにくい、覚えにくい——は「三易」即ち、教えやすい、覚えやすい、書きやすい——になって中国では識字率が飛躍的に伸び、多くの人民が文字を使えるようになりました。

さねとうけいしゅう著『増補・中国の文字改革』はそれら「中国語の整理と発展」を「いきいき」と伝えています。一部を引用させていただき、文字改革その後の展開や日本の関連動向も加えて紹介しましょう。

左からの横書きに

1954年９月の新中国最初の憲法は文章表記のスタイルを「左からの横書き」にして発布されました。さらに「漢字簡略化方案」が正式に公布された1956年1月からは新聞雑誌、公文書も「横書き」に統一されました。国を挙げての徹底ぶりでした。

1952年、中国科学院長だった郭沫若さんの「表音文字を使うことになれば、書くにも印刷するにも、縦書きはよろしくない。どうしても左から右への横書きにしなければいけない。生理的にみても、目の視野は縦よりも横がずっと広い（実験の結果「横の視野は、縦の視野の2倍以上」とか）。だから文字を横書きにすれば、目の努力が省けてよい。従って、将来作られるであろう中国の表音文字は左横書きにするように」との提議によるものです。

「表音文字」への地ならしからでした。もともと古い象形文字では、馬、犬、虎、象など横にはっている動物の字は、みな横になっていました。形声文字、篆書、隷書……に変わっていく段階で、縦に書かれるようになり、いまの「目」も、古い字は「四」の角がない横（目の絵のような）でした。文字が横から縦になり、文章も縦書きになっていきました。

「横書き」にして20年余り経た1977年から中国は「4つ（農業、工業、国防、科学技術）の現代化政策」を推進しました。ちょうどこの頃から開発普及が始まったコンピューターによる漢字の機械化処理は「言語文化」の現代化を進める戦略的任務を遂行するうえでタイミングよく適合しました。漢字・拼音ローマ字表音表記を併用する「双軌制変換」が方向付けられ「現代化」の目標達成へ跳躍台になり、21世紀の漢字文化の更なる進化に結びついています。

日本で裁判文書もＡ４判横書きに

中国で編集発行されている雑誌のなかで日本人向けの『人民中国』は唯一つ「縦書き」です。日本の印刷物がなお「縦書き」を建前にしているので、自国の「横書き」の押し付けは避けているようです。台湾では、旧「繁体字」とともに「縦書き」が続いています。

日本でも近年「横書き」の日本語が身近にあふれています。IT革命が拍車をかけ、パソコンやメールなどの文書の横書きだけでなく、「横組み」の国語辞典や現代用語辞典も刊行されています。

お堅いお役所の代表のような最高裁判所は、裁判所の事件に関する記録その他の書類（「裁判文書」）について、2001年1月1日から、日本工業規格Ａ4判の用紙を使用し、書式を横書き（左とじ）とすることにしました。

裁判所が作成する判決文など裁判文書の配字については、読みやすさや記載のしやすさなどの観点から、原則として、文字サイズは12ポイントとし、1行当たり37文字、26行、左側余白30ミリ、上部余白35ミリを基本としています。裁判所を利用する当事者、代理人等が作成する訴状等の主な文書もＡ４判横書きで提出するよう協力を要請、参考書式を作成しています。

「数字の表記」は日本では従来の４桁ごとに万、億、兆と呼称が変わる「万進法」と欧米の３桁区切りの「千進法」とがあります。裁判文書は万進法・漢字縦書きから「アラビア数字の横書き」になり、位取り表記は「同一文書に統一した書き方が望ましい」（司法研修所「刑事判決書起案の手引き」）とし、具体的に決めていません。

福岡、大分両簡裁の民事調停員を8年勤め、2,500件の「借金地獄」救済の調停に当たった元朝日新聞記者の柳瀬陽之助氏（別府市在住）は調停案作成にあたり、前半の4年間は「縦書き」とし、後半は「横書き」に終始したそうです。結局は「横書き」に軍配をあげました。数字の表記はパソコン入力の場合、3桁区切りの「千進法」で対応している。パソコンの数字の呼称単位が欧米式の千進法になっているので辞書機能の位取り自動変換も表計算ソフトも3桁位取りの方が「容易で能率的」と話しています。

言語学者の大野晋さんは「百年以上も縦書きを守ってきた」、裁判文書の「横書き」移行を日本語全体の問題として捉え、2001年1月19日付朝日新聞に「漢字、仮名、ローマ字の混合体が生じてくるだろう。インターネットが国と国との壁をぶち壊した。日本語が今のまま日本語として生き残ることは難しくなる」と論評しています。

本書の刊行でも中国語、なかでも「拼音ローマ字表音表記」のパソコン入力や編集処理のハードもソフトも「横書き」になっているのに順応し、効率的に執筆するためと、何よりも「読み易い」という利点から「横書き」、「横組み」編集に致しました。

その体験からしても中国の「左からの横書き」という、郭沫若提議にみる人間の目の生理機能までも踏まえた「科学的であり効率的」で、しかも国を挙げて徹底して実施された漢字表記の新発展に“目”を見張りました。

同音字対策の「処方箋」

中国の文字改革が「表音文字」化、それも「ローマ字」表音表記の流れで方向付けられた際に「同音語をどうするか」との反対論が出ました。『増補・中国の文字改革』には、その論点とそれを克服する「処方箋」が以下のように記されています。

意味の違ういくつかの言葉が同じ発音であるため、表音文字で書くと、同じ「綴り」になる。これがローマ字の大欠点、いや「致命傷」であると……。

日本でも1874年（明治7年）、西周（明治維新の啓蒙思想家、西洋哲学を紹介。1829～1897年）の「洋字を以て国語を書するの論」に対し、西村茂樹（倫理学者、儒教による国民道徳の興隆につとめた。1828～1902年）が「川、革、側と書く時は字面を一見して自らその義を知るべし。Kawa, kawa, kawa と書く時は、三語各別義を区別すること頗る難し」と反対しました。

つまり、「同音字」ではそれぞれの意味は区別できない（漢字の特性である「表意性」「表語性」「速読性」「連続性」「造語性」の喪失）。

しかし、「同音字」ということは、言語・文字における当たり前の現象であって「病態」でもなければ「欠点」でもない。世界的現象で、ひとつの言葉（ひとつの文字）が、ただひとつの意味をもつことは理想的であるが、言語・文字のなかではあり得ないことです。

それは、英語でも「bank」は「銀行」であり「岸」でもある。「ball」は「球」であり「舞踏会」でもある。

中国語では「生气 shēngqì/ション チー 」（日本漢字＝生気《せいき》）は「前向きの精神、生き生きした元気」でもあり、また同じ声調発音で「腹が立つ、怒る（生气；发怒）」でもある。「学会 xuéhuì/シュエ ホイ」は「学術団体」でもあり「学びとる、マスターする」ことでもある。

日本語でも「kankou」のローマ字の漢字は「刊行、観光、慣行、感光、敢行、官公、完工」、「hasi」も「橋、箸、端」など同音語はいくらでもあるし、実際に使う場合、ほとんど混乱を起こしません。

言葉というものは、部分から全体を決定するものではなくて、全体から部分を決定するものだからです。即ち、ある言葉の組織から、そのなかの各語彙の意味が決定するのであって、各語彙それ自身に、絶対的な、唯一の意味があるわけではありません。だから、いくつかの意味を代表するある語彙があっても、言語組織（文）のなかにはいってしまえば、前後の言葉に規定されて、ひとつの意味だけをあらわすことになる、文の前後の脈絡で理解できるのです。

話しことばは多音節に

話しことばには、単音節のことばが少なくて、たいてい多音節になっています。中国語も以下のような法則から同音語を減らす、避けるために、話しことばで多音節のことばが自然的に次第に多くなっている……と分析しています。

（1）単音の語に語尾をつける。

桌子 zhuōzi/ジュオ ズー（テーブル）、红的 hóngde/ホン デェ（赤い－形容詞）、来了 láile/ライ レェ（来てしまった）

(2) 意味の同じ二つの漢字を合わせて新しい二音節のことばをつくる。

増加 zēngjiā/ゾォン ジア（ふえる）、伟大 wěidà/ウエイ ダー（偉大・えらい）、树木 shùmù/シュー ムー（樹木・木）

(3) 意味の相反する漢字を合わせて新しい二音節のことばをつくる。

大小 dàxiǎo/ダー シアオ（大きさ）、长短 cháng duǎn/チャン ドアン（長さ）

(4) 不完全な句を、新しい語にする。

电灯 diàndēng/ディエン ドン（電灯・正しくは電気を用いた灯）、前进 qiánjìn/チエン ジン（前進する・正しくは前に向かって進む）

(5) ある漢字を語尾にする。

画家 huàjiā/ホア ジア（絵描き）、资本家 zīběnjiā/ズー ベン ジア（資本家）

とはいっても、日本の例では、「科学と化学」「市立と私立」のように、ことばの前後関係ではわからないものもあります。中国語では「科学（kēxué/コー シュエ）」と「化学（huàxué/ホア シュエ）」、「市立（shìlì/シー リー）」と「私立（sīlì/スー リー）」で識別できます。

漢字は、昔になるほど「一字一音一義」の傾向が強く、大体、一文字が一言葉、つまり文章は「分かち書き（文を書く時、語と語との間に空白を置くこと）」になっていたのです。

ところが、一音節の語では、発音数が少なくて（現在の中国語では400あまり）1音のなかに、たくさんの同音語（字）ができるわけです。

例えば「fu」という音の字をとって「中日辞典」を検索してみますと――

「一声」発音は「夫、麸、敷……」など9字

「二声」は「夫、扶、福、幅、伏、符、服、佛……」など40字

「三声」は「府、腐、俯、甫、父、斧、釜……」など14字

「四声」は「父、富、副、赴、复、腹、服、负、妇……」など19字

合計82も「fu」があります。

これを区別するために多音節(多音节duōyīnjié/ ドゥオ イン ジエ）の言葉が増えました。現代中国語の辞典に収録されている文字の9割は「多音節語」で占められ「単音節語」は1割しか残っていません。

先に例示した「fu」のなかの「腹」(はら）を日中辞典でひくと、

〔おなか〕腹fù/ フー、肚子dùzi/ ドゥー ズー「“腹”は熟語に使い、単独では用いない」

とあり、日本語漢字の「腹」は、現代中国語では「肚子」を使う。また、多音節語のなかには「社会shèhuì/ショー ホイ」のように二音節も「资本家zīběnjiā/ズー ベン ジア」のように三音節も「社会主义（主義）shèhuì zhǔyì/ ショー ホイ ジュー イー」のように四音節もあります。

このように、中国語は「多音節語」に向かっています。つづけ書きにしたのでは読み違えが起こります。「整理」の手始めに「分かち書き」にすることで、より明瞭な、より美しい中国語に変えていきます。

「多音節無四声中国語」への発展

新中国の文字改革で目指した「漢字の発展」のひとつが「四声がなくても分かる中国語」へ、「単音節四声的中国語」から「多音節無四声中国語」への質的な大発展です。

中国語は単音節の同意語が多いために、自然の間に「四声」というものができましたが、その「四声」は、地方により違うことが多く、それよりも多音節の方が、はるかによく分かります。多音節語が増えて「四声」の区別がなくとも分かるようになります。

ちょっとの音差による区別でなく、はっきり違う音節による区別、言葉が精密化される、ということです。

第二に漢字の同音語はローマ字の場合「話しことば」に改造していく。

ローマ字が同じ綴りの「fanren」。例えば【凡人 fánrén/ ファン ルェン】と【犯人 fànrén/ ファン ルェン】とがあります。「凡人」は文語で、話しことばでは「平常的人 píngchángderén/ ピンチャン デェ ルェン」または「普通的人 pǔtōngderén/ プー トン デェ ルェン」と言っているのだから「平常的人」か「普通的人」にすべきで、「犯人」の方は話しことばで使っているから残します。

また「shiqing」にも【事情 shìqíng/ シー チン】（事柄）【世情 shìqíng/ シー チン】（世の中の有様）【实情 shíqíng/ シー チン】（実際の有様）がありますが、このうち話しことばで分かるのは「事情」だけ。あとは文語だから、【世情】は「世间的情况shìjiān de qíngkuàng/シー ジエン デェ チン クアン、世态人情shìtài rénqíng/

シー タイ ルェン チン」、【実情】は「实际情况shíjì qíngkuàng/シー ジー チン クアン、实际状况shíjì zhuàngkuàng/シー ジージョアン クアン」にします。

つまり、聞いて分からない「文語」をやめて、聞けば直ぐ分かる「話しことば」にする。

「出版」と「初版」とは、拼音も声調も「chūbǎn/チュー バン」と同音語ですが、「初版」は「第一版 dìyī bǎn/ディー イー バン」に言い換えれば、意味の違いを話しことばでも明快に理解できます。

以上の解説にうなずき、パソコンにインストールした『日中・中日辞典』から【合格】を検索してみました。「合格」の中国語は（1）〔試験に〕及格jígé/ジー ゴー、考上kǎoshàng/カオ シャン。(2)〔検査に〕合格hégé/ホー ゴー……と対象によって使い分けられています。

第5章で紹介しました「儒林外史」の四声の「中zhòng/ジョォン（合格)」より「及格」「考上」の「多音節語」に言い換えた方が、なるほど字面で意味までも「一目瞭然」というわけです。

インターネットで中国情報局2002年5月1日発信の「中国情勢24」を検索したら「中国：小学校教育に変化、読み重視へ」の見出しで「中国語教育理念の大きな改革を踏まえて、新しい教材は読み書きの分離で1～2年では読む方に重点を置き、次に3年に入って書く練習をはじめる。この教材は小学校1～2年の課程で漢字2,500字と従来の2倍を学習、大量の音読によって伝統的な拼音教育を少なくする。中国語の美しさを豊かに表現し、児童らに母国語に対する興味を育てる内容を盛り込んでいる」と教育現場の現況を伝えています。

生涯学習を楽しんでいる筆者の中国語サークルが、テキストにしている中国の小学校教科書『語文（国語）』（人民教育出版社、1年生用2冊）には、簡体字に拼音の「ルビ」が打ってあります。2年生用の「語文　第4冊」は新出の単語の注釈以外、拼音の「ルビ」は消えています。

簡化字への政治的、社会的な必然性とともに、中国人の二元的世界観に対応し、その時代の要請に適合した最高の言語表現の展開でしょう。

ケータイは略語で

余談ですが、ケータイ時代に多音節語は？　迅速なユビさばきで、或いは「携帯略語」でどう“対処”しているのでしょうか。

中国の「親指族」代表のメル友、陶金さん（第1章参照）に聞いてみました。その返信メールでは――

「電子メールの省略語について、私の友人は忙しい時に、よく『有时间的话信我』（時間があれば、私に携帯でメールをください）、『信我』（携帯でメールを出す）、『电我』（電話を下さい）、『短信』（電子メール）などと言います」とのことでした。

「多音節無四声中国語」への発展は拼音、声調に悩まされてきた筆者にとって、うれしいことです。が、「若者言葉」でのチャット（おしゃべり）は旧世代にとりまして新たな難問です。

2. 滅びゆく少数民族に言語

中国は56の多民族国家です。5大名山のひとつ、江南の「黄山」(標高1874メートル) は不思議な形の松の木と奇岩、雲海で世界文化遺産になっています。その山頂近くにある56に枝分かれした松の木を「団結松」と呼んで民族統一の象徴にしています。しかし、多民族国家でも総人口の94%は漢語を言語とする漢民族が占めています。

もともと国土が広大で人口が多いために、いろんな方言が存在しています。

北方方言 (北京語がその代表=華北・西北・西南地域で使われている)、呉方言 (上海語・蘇州語など=江蘇・浙江で通用)、湘《しょう》方言 (長沙語・湖南語など=湖南省の大部分で)、贛《かん》方言 (南昌語など=湖北省の大部分で)、閩《びん》方言(福建語・アモイ語など=福建省・台湾で通用)、客家《はっか》方言 (黄河流域南方の各地の客家人居住地を中心に通用)、粤《えつ》方言(広東語など=広東・広西などで通用する) の7つの方言群に大別され、それぞれの発音や語彙の面で大きな違いがあります。中国人同士でもそれぞれの方言を丸出しにすると、まるで外国人同士が交差するようで、お互いサッパリ通じません。1997年の香港返還の際に、北京語と差異のひどい広東語圏の香港地区で「言語の障壁」が生じないか、と心配されたのは耳新しい話です。

中国人みんなが通じ合える標準語、つまり「普通話」を中国全土に広げていく。三大文字改革のひとつの柱で識字率が高まり、交流が盛んになるにつれて、普通話は少数民族が住む辺境まで浸透し、その煽りを食ったのが「少数民族の言語」です。

ユネスコの危惧

2002年２月21日「国際母語の日」に合わせて国際連合教育科学文化機関（ユネスコ）は「世界6,000前後ある言語のうち半数は消滅の危機にある。アジアでは中国国内の少数言語の危機が深刻」と発表。「すべての言語は等しく認められるべきであり、生きる宝として保護されねばならない」と各国に対策を呼びかける声明を出しました。

その年の秋、中国旅行で雲南大学東方言語文学部長の張正軍・教授（翌年から寧波大学日本語学部教授に就任）に出会いました。張教授はこうした滅び行く「少数民族の民話、伝説の言語」を記録に残そうと1998年から2001年まで毎年2回10日間ほど、中国南西部の雲南省の奥地などに住む少数民族の居住区に泊まり込んで聞き取り調査をしました。

雲南省奥地の言語は

張教授によりますと、雲南省は南部がベトナム、ラオス、ミャンマーと3,061キロに及ぶ国境に接し、険しい山岳地帯などに25の少数民族が散在しています。人口100万から400万人の民族が５つか６つありますが、人口１万人と少ない部族が何百も散らばっています。

調査したのはペー（白）族、イ（彝）族、ハニ（哈尼）族、タイ（傣）族、リス（傈僳）族、ヌー（怒）族、ナシ（纳西）族、ジンポー（景颇）族、ワー（佤）族。うっかり未開放地方に案内されてフィルムを没収されたことがあるそうです。

ジンポー(景颇)族のような人口の少ない民族は早い段階で周辺の人口の多い民族の言語に同化されて固有の民族語がなくなっています。大理、麗江、景洪などの都会に住んでいる白族、ナシ族、タイ族も漢族の商人、役人、マスコミなどとの普通話の接触で同化されています。満州族はもとから漢語を話し、雲南にいる蒙古族は蒙古語が話せません。回族は自分たちの民族言語を持っていません。

言語の消えゆく図式

張教授の解説による少数民族の言語が失われていく図式は――

①山村僻地にも電気がつきテレビが入った。放映される毎日の映像は「普通話」のみ ②若者が村から出稼ぎにいくのに「普通話」の習得は必須 ③義務教育は9年（小学校6年、中学3年)、教科書は2000年から無償配布になり、子弟の就学率も高まった。授業は国家通用の簡体字、普通話で進められる。低学年の段階で少数民族語の漢語表現を習得させ、小学5年になると、すべて「普通話」になった。

「経済の発展で少数民族の工業都市への出稼ぎ労働者も増え、企業、工場、商店などあらゆる職場のコミュニケーション語は普通話。上海、重慶、広州などではお国なまりの方言を話す人は減っている。だから、少数民族の言葉が滅びていくのは仕方ないこと。いまでは古くから伝わってきた民族独特の言語を話せるのは、一部の宗教的職能者であるシャーマン、司祭、長老くらい。原始宗教の経典、神話や祭祀の言い伝え、鬼払い、悪魔払い、病気治療祈願などの呪文を唱える時に聞かれるぐらいになっています」と張教授。

「存亡の危機を救うには自分たちの民族の言葉、文化に誇りを持たせ保存させねばならないが、現実は長老の高齢化、人口流出、交流の広がりで歯止めは利かない。せめて、いまのうちに聞き取り調査で記録を残しておきたい」(張教授のコメント)のようにユネスコの「危惧」は現実に深刻化しています。

2001年から施行の「国家通用語言文字法」には「各民族は、いずれも自己の言語・文字を使用し、発展させる自由を保有する」(第8条) との条項がありますが、各種法律に従うことを前提とする条文付きです。近年、中央政府主導による少数民族の言語の電子化規格の設定や調査、記録も進められているようです。

3. 「漢」と「国」の字の物語

中国語と日本語を書き表す「漢字」。その「基本の基」を「漢」と「国」という字(ともに日本常用漢字体で表記)を例に探求してみましょう。文字論は辞書や専門書などに委ねまして「字」の由来、中国と日本との係わり、そして字体の変遷——などを「お話」として。

筆者の素朴な疑問のカギを解く手がかりの一つになりました「国宝金印」が、福岡市百道浜の福岡市博物館の常設展示場に保存されています。

日本に最初に渡ってきた「漢」の字を刻した国宝「漢委奴國王」金印（福岡市博物館所蔵）

拓　影

国宝金印「漢委奴國王」

1954年に日本の国宝に指定されたこの金印は、1辺2.3センチの正方形、厚さ0.8センチ、重さ108グラムの純金に近い。写真のように、縦に3行、左端に「漢」、中行に「委奴」、右行に「國王」の5字が凹刻されています。「カンノワノナノコクオウ」と読みます。

「漢篆《かんてん》」という漢代（前漢の紀元前202～後漢滅亡の西暦220年）に官印などに用いられた古体の文字で、現代人でも読めるわかりやすい書体です。つまみの部分はヘビがとぐろを巻いたような形をしています。

中国の文献史料・後漢書東夷伝に記された「建武中元2年（西暦57年）、倭の奴《な》国、奉貢朝賀す。使人自ら大夫と称す。倭国の極南界なり。光武、賜うに印綬を以てす」を裏づける出土遺物です。

日本に最初に渡来の漢字

漢字文化発祥地である中国から古代日本（倭《わ》）に初めて伝わってきた「漢字」であり、金印に彫り込まれた5つの中国の文字は、日本民族に関係ある文字の中では一番古い文字だったことを実証しています。

卑弥呼と邪馬台国にまつわる日本の古代史のビッグロマン

が展開された弥生時代のこと。まだ統一王朝もなく、文字を持っていませんでした。授かった金印を持ち帰った大夫（高官）は日本人として最初に漢字に接したのですが、恐らくは字を読めず、ありがたがったかどうか定かではありません。

「國王」と刻されていますが、今の国家の概念はなく、「委」は日本に対する古い呼び名「倭」と同じです。「奴」は現在の福岡都市圏を中心とする地域。

1784（天明4）年、博多湾北側の海の中道、志賀島《しかのしま》（現在は陸続き）の南から出土したことからも東夷伝に記された奴国と地理的な関連もうなずけます。1,700年余も畑のなかに埋もれていて、漢字渡来の史実は、日本最古の歴史書『古事記』や『日本書紀』にも記されていません。

「なぜ漢字」と呼ぶの？「漢」の字源は中国のど真ん中“中《ちゅう》原《げん》”（今の陝西省の南西）に流れる「漢中」という川の名。前漢の高祖劉邦が初めに都をここに起こし「漢」と呼び、後漢が滅亡するまで400年、中国で最も長い王朝の名でした。このことから漢字、漢文、漢和辞典、漢民族と「漢」は中国を表し、今日の草書、行書、楷書のいずれもが後漢までに出揃ったことからしましても中国語の呼称として、また日本語でも金印の最初の「漢」の刻字からして十分理解できましょう。

日本の国宝のなかで恐らく単独では一番小さい金印は、漢字文化伝来の先駆けとしてその後の仏教経典の解読からの万葉かな、ひらがな、カタカナ、そして漢字仮名交じりの日本語表記を可能にしました。豊かな日本文化を花開かせ、日中文化交流のシンボルとして2,000年の時空を超えて金色の光を放ち、燦然と現代に輝いています。

完成度の高い至芸の印

金印が出土しました志賀島は玄界灘に面し、中国と九州が一衣帯水の地であることを感じさせます。「漢委奴國王金印発光之処」の大きな碑が建てられ金印公園になっています。

1989年3月、福岡県の書道愛好家との文化交流で来福した上海・呉昌碩記念館長の書画家、呉長鄴さんは金印公園を訪ね、福岡市博物館に回って金印を鑑賞しました。長鄴さんの祖父呉昌碩さん（1844～1927年）が詩・書・画・篆刻の四絶を極め、近代中国芸術史上で活躍、わが国書壇・印壇に大きな影響を与えました。長鄴さんはその血を引く三代目で書画、篆刻で現代中国を代表する芸術家。案内役の日展会員の書家師村妙石さん（北九州市在住）らと同行し、解説を聞きました。

師村さんの「印としてこれほど優れた完成度の高いものはない。まず造形、素晴らしい姿にデフォルメして表現している。金を素材にどのようにして素晴らしく彫ったのか、ただただ感嘆、至芸の業と感じる」という話に、長鄴さんは「一番古い文字の国から一番古い文字の贈り物」との対面に感動していました。

簡略化で５画の「汉」に

「漢」の字の名付け親である「漢王朝」は滅びましたが「漢字」はその後、1800年も連綿と中国を代表する文字として時に字体、字形を変えながら受け継がれました。しかし、現代中国の正字は簡体字の「汉」に変わりました。「複雑な（漢の）偏・旁を簡単なシンボルに改める、記号（又）を使っての簡略化された部類」(「略字総表」第１表) に属してスリムになり、筆画数は繁体字「漢」の14画、日本の常用漢字の13画から５画に簡略化されました。

中国経済の開放改革のリーダー「鄧小平」さんの姓も偏の「登」を記号（又）に簡略化されて「邓」になっています。

「国」の字体の変遷

もうひとつの「國」の字——。金印に刻まれているのは金《きん》文《ぶん》です。甲骨文字のあとの銅器、鉄器、印章に鋳出したり、刻みつけたりした古字。今の日中共通の略字「国」の字体になるまでに「圀」(則天文字)、「囯」(中国の略字) の字体もみられます。

「圀」は７世紀後半、唐に変わって周をたてた則天武后 (624頃〜705年、唐の高宗の皇后。690年自ら即位、則天大聖皇帝と称した) が制定した新しい「則天文字」のひとつです。中国では武后の治世が没後すぐ否定されて「則天文字」も継承されませんでしたが、日本にはいち早く伝えられ、水戸黄門の徳川光圀の名のようにいまなおなじみ深い文字です。

「唐文化を自国の文化の重要な基礎として摂取した日本ならではの現象」でしょう (「古代日本の文字のある風景——金印から正倉院文書まで」展図録から)。白川静『字通』を引きますと「クニかまえ」の中の「或」は限定を加える「域」の意があるので（則天武后が）八方への広がりから「𠔄」（八方）に代えた、と記されています。「クニかまえ」の中が「王」で通用していました「囯」の略字は文字改革の際、漢字が人民大衆のものになったのに「王」はふさわしくないとして、すでに「玉」

になっていた日本の当用漢字にならって中国も「国」にしたと伝えられています。

ちなみに、先進国名の中国漢字表記も紹介しましょう。

アメリカは「美国 Mĕiguó/メイ グオ 」、イギリス「英国 Yīngguó/イン グオ」、フランス「法国Făguó/ファー グオ」、ドイツ「德国 Déguó/デェ グオ」、イタリア「意大利 Yìdàlì/イー ダーリー」、ニッポン「日本 Rìbĕn/ルィ ベン」、ロシア「俄国 éguó/オー グオ」、カナダ「加拿大 Jiānádà/ジア ナー ダー」、ＥＵ「欧洲联合 ōuzhōu liánhé/オウ ジョウ リエン ホー」です。

アヘン戦争で中国に衝撃を与えたイギリスは「英吉利」と書きますが、最初は「獏猪猁」とすべて「犭」偏をつけて書いていました。華夷思想の反映で白川静・立命館大学名誉教授は文芸春秋2004年2月号に「これでは、西洋を他の文化圏として対応し、ときに学ぶという姿勢をとりようがない。それが近代以降、中国(清朝)が衰退を余儀なくされた原因でしょう」と記述しておられます。

お隣の韓国は「韩国 hán guó/ハン グオ」、北朝鮮は「北朝鲜 bĕi cháo xiān/ベイ チャオ シエン」です。イラクは「伊拉克 yī lā kè/イー ラー コー」と書きます。

4. 簡体字の“欠陥”？——漢字の一体化で

先に紹介しました「国」の字のように、中国や日本、韓国など東アジア漢字文化圏で使われている漢字の字体が統一され、略字の共通化がなされ「アジア共通語」が生まれたら、どんなに素晴らしいことでしょう……。その課題の解決に向けての国際漢字振興協議会の取り組みは第1章で触れました。

国際漢字振興協議会の討議のなかで韓国、日本、台湾の文字学者を中心に中国の「簡体字」についての問題点が指摘されています。1998年、台湾で開催された国際会議の記録「第5回国際漢字検討会論文集」に詳しい。その中で台湾の学者は「簡体字の欠陥」として ①中国文字の古音系統を乱す ②芸術的な形象を破壊 ③両岸（大陸と台湾）の同胞の心の交流を妨げる ④世界の華人の統一と共通認識を阻む——を挙げました。

また韓国の代表は「中国簡化（体）字2,253字のなかで日本と韓国で認められている略字は多い」としながら、①漢文に精通している人でも解読に難しい ②小画数の同音仮借字 ③筆画数省略の新造の簡化字など——は「先ず中国が早く修正」を求めています。

日本でも昨今、簡体字批判の論調が高まってきています。曰く「簡体字は文字本来の形義を失い、単なる無器用な記号と化した」「文字を離れて文化の発展はあり得ないし、漢字は最も精神性に関わるもの。簡体字は漢字の美学を失わせ、意味体系性の否定だ」＝白川静著『漢字百話』から。さらに国際漢字振興協議会日本代表の石井勲・日本漢字教育振興協会理事長は「簡体字は漢字とはいえない」が持論で、漢字共通化について「康熙字典所載の漢字を以て基準とする」と提案、復古調の漢字への再考・見直しの同調者は中国、韓国、台湾などから中国大陸でも見られます。

一般の漢字ユーザーでも「鐵」が「鉄」に略字化され「金を失う」と忌み嫌って自分の名前を旧字で書き続ける「鐵男」

さん、「実」は軽薄だと「實」にこだわるなどの方々が沢山存在します。

日中国交正常化とともに日中友好議員連盟や政治家や学者文化人の間で「日中漢字の略字共通化」の機運が盛り上がりましたが、政府間レベルでの踏み込んだ国際協議はなされていません。

「日中略字」の比較

遠藤紹徳著『早わかり中国簡体字』（国書刊行会刊）に「日中略字」の比較一覧表が掲載されています。

中国の第１次簡略化案の「略字総表」に収められている略字と日本の常用漢字を並べて引用させて頂き、日中略字の一致点と相違点を列挙してみましょう。

まず略字の総数は中国2,253字、日本の常用漢字1,945字。常用漢字のなかには簡略化されていない字もかなりあり、中国の略字が日本よりかなり多い。

▼日中両国とも簡略化されている漢字で

①字体が全く同じもの　43字

当，区，号，双，旧，礼，台，虫，回，会，尽，麦，声，医，来，乱，蚕，体，余，国，参，宝，点，独，状，担，昼，党，累，断，惨，堕，随，装，湿，属，献，辞，誉，寝，踊，嘱，励

②字体が少しだけ違うもの（左が日本の常用漢字、右中国・簡体字）　33字

対－对　応－应　与－与　庁－厅　写－写　変－变

辺－边　圧－压　団－团　斉－齐　両－两　県－县

弥－弥　単－单　実－实　帯－带　将－将　画－画
悩－恼　挙－举　悪－恶　脳－脑　隠－隐　穏－稳
滞－滞　亜－亚　歯－齿　浅－浅　称－称　労－劳
茎－茎　塩－盐　塁－垒

③字体がかなり違うもの（左が日本・常用漢字　53字、右が中国・簡体字　52字）

繊－纤　壊－坏　懐－怀　価－价　処－处　拠－据
広－广　鉱－矿　芸－艺　売－卖　図－图　戦－战
発－发　荘－庄　畳－迭　薬－药　聴－听　猟－猎
逓－递　醸－酿　遅－迟　囲－围　択－择　様－样
斎－斋　顕－显　亀－龟　帰－归　楽－乐　為－为
拡－扩　獣－兽　粛－肃　節－节　気－气　雑－杂
譲－让　撃－击　郷－乡　豊－丰　専－专　総－总
暦・歴－历　従－从　厳－严　穀－谷　勧－劝
権－权　観－观　歓－欢　縦－纵　竜－龙

④中国だけで簡略化されている漢字（左が日本・常用漢字　64字、右が中国・簡体字　63字）

幾－几　開－开　無－无　雲－云　車－车　貝－贝
見－见　長－长　幣－币　倉－仓　憶－忆　億－亿
風－风　馬－马　門－门　飛－飞　習－习　滅－灭
東－东　業－业　帥－帅　頭－头　幹・乾－干　書－书
華－华　質－质　脅－胁　極－极　還－还　時－时
園－园　郵－邮　徹－彻　療－疗　啓－启　補－补
際－际　陸－陆　擁－拥　勢－势　範－范　構－构
喪－丧　奮－奋　態－态　製－制　膚－肤　魚－鱼
備－备　繭－茧　鐘－钟　種－种　勝－胜　親－亲

養－养　類－类　濁－浊　憲－宪　熱－热　獲－获
礎－础　隣－邻　捨－舍

⑤日本だけで簡略化されている漢字（左が日本・常用漢字、右が中国・簡体字）　24字

仏－佛　払－拂　拝－拜　乗－乘　陥－陷　隆－隆
巣－巢　捜－搜　壱－壹　恵－惠　剰－剩　砕－碎
渓－溪　粋－粹　酔－醉　稲－稻　徳－德　予－豫
弁－辨　穂－穗　蔵－藏　壌－壤　髄－髓　仮－假

⑥略字ではないが僅かの違いがある漢字（左が日本・常用漢字 右が中国・簡体字）　27字

刃－刃　歩－步　角－角　抱－抱　収－收　呉－吴
姉－姊　抜－拔　舎－舍　契－契　胞－胞　臭－臭
渉－涉　害－害　船－船　圏－圈　浄－净　姫－姬
博－博　逸－逸　港－港　割－割　強－强　勤－勤
揺－摇　虞－虞　敷－敷　毎－每

上記6分類246字を見比べて、①の「字体が全く同じもの」は問題ない。②の「字体が少しだけ違うもの」や③の「字体がかなり違うもの」④の「中国だけで簡略化されている漢字」のなかには、筆者自身、正確な筆画ではないにしても日頃の漢字の“速記”などで、度々愛用し、かなりの字は読め、理解できます。

⑤の「日本だけで簡略化されている漢字」に関しては、郭沫若氏が1963年1月9日の「光明日報」に発表した「日本の漢字改革と文字の機械化」と題する一文に「日本の略字とわが国(中国)の漢字簡化案と比較してみると、お互いに全く

同じ略字がおよそ60字、大体同じで少し違いのあるのがおよそ130余字ある（例えば、“藝”の字は、日本では“芸”と簡略化している）。このほかにも一方が簡略化して他方がまだ簡略化していないのがたくさんある（例えば“辦・瓣”は日本ではみな“弁”と簡略化し“豫”は“予”に、“櫻”は“桜”に、“溪”を“渓”に、“粹”を“粋”にそれぞれ簡略化している）が、それらの字はいずれもわれわれ（中国）が今後簡略化すべきものである」（『早わかり中国簡体字』所収）と記しています。

中国教育省の李宇明・言語文字消息管理局長は「今後の中国の文字改良には繁体字や日本の字体を考慮に入れる必要がある」（2001年12月17日付朝日新聞「ニッポンのことば」「第4部 漢字文化圏の未来②」）としています。

最終章　あすへ——21世紀の漢字文化

1. “読める”“意味がわかる”漢字への模索

「世界がインターネットで結ばれる時代、英語は情報伝達の手段として、ますます普遍性を増すだろう。それと並行して漢字を相互理解・文化交流の手段として活用しない手はない」（1997年7月4日付、朝日新聞社説「漢字を生かす」）

「私たちが日常のコミュニケーションに、また芸術・文筆活動に用いる漢字は『誰でもが読めて、意味が分かる』二つの条件が必要です。21世紀の漢字、書道文化の発展は『読めて、意味が分かる』ことが必須です」（文化勲章受章の書家・村上三島先生のコメント）。

漢字は3千数百年前の成立から、世界の他言語より優《まさ》る特性を持っています。それは表語性、表意性、速読性、造語力、省略・類推性、精神性、芸術性、通時性——などです。

なかでも、ケータイ時代に、“読む・読める”“話せる”漢字は、「表語性」の持ち味が見直され、その存在感をアピールしてきています。

画面に映し出される漢字の字形には、字の意味をもたらす情報があって、その意味によって発音が分かるという「表意の映像文字」があるからです。

同時に携帯電話はテレビ以上にコンテクスト(文脈、文章の前後関係)に寄りかかった表現です。アルファベット1字の表現では不可能です。

大きい情報伝達量、「テレビ型言語」

漢字の「表語性」、その特性を、先覚の文献から垣間見ますと以下のようです。

例えば、大修館書店1987年6月刊『漢字民族の決断—漢字の未来に向けて』に、中国社会科学語言研究所、李栄教授は、

「漢字は意味を持った符号で、一つ一つの漢字の情報伝達量は大きい。いったん覚えてしまえば、その伝達量は他の言語よりさらに大きい」「表語文字であり、意味を持つ単位といえる。漢語の方言は複雑多岐にわたるが、使っている文字は同じで超方言性を備えて、文字を書けば中国本土はおろか、日本でも通じる超言語性を持っている」「比較的に超時代的で息長く通じる言語で『有朋自遠方来不亦楽乎 yǒu péng zì yuǎn fāng lái bù yì lē hū/ イオウポン ズー ユアン ファン ライ ブーイーレェフー』(朋有り遠方より来る亦楽しからずや) など中国・春秋時代の『論語』も、2500年の時を経た現代に通じ、日中大多数の方は知っている」。

また、同著に東京外国語大学の橋本萬太郎教授は「漢字は一字一字の情報量が非常に高く、とくに漢字仮名交じり文(日本語) では名詞や動詞語幹の分かち書きを代行する働きをし

ているために、視覚認識でも大変便利」と記述されています。

大修館書店91年4月刊の「漢字文化を考える」には、鈴木孝夫・慶應義塾大学教授の「言語は音であり、文字というのは、目に訴える、目で解読する記号媒体。目が持つ弁別能力を充分に利用する文字の方が効率が高いはず。一般に目の識別能力は、耳の弁別能力より百倍くらい高い、つまり目の方が耳よりはるかに多くの情報が区別できる」「日本語は言語として、目と耳の両方を利用する『テレビ型』の言語になって来ている。それに反してヨーロッパ語を含むほとんどの言語は、未だに『ラジオ型』の言語で、音声に全部情報があり、書いたもの、つまり文字情報ですら音声の写しに過ぎない」と解説されています。

そして、情報技術機器の日進月歩どころか、“時進分歩”の新機能の開発……。

日立製作所は、漢字とひらがなが混ざった文章を正しく読み上げるコンピューター用の「音声ソフト」を開発、文章の前後の文脈などを手がかりに自動的に、例えば「東京に行《い》った」と「会議を行《おこな》った」を正確に読み分けられます。

或いは、携帯電話も人工衛星を使った全地球測位システム(GPS)で居場所が分かる機能や背広のなかに納まるパソコンの小型版ともいえる「携帯情報端末（PDA)」などなど、それも次々にバージョンアップ（ソフトの改訂）されています。

書芸術も「読めて」感動が

世界の文字のなかで唯一芸術表現される漢字は「気韻生動」（絵や書などで、気韻がいきいきと感じられること）の成語に象徴される芸術性、精神性が重んじられて、その余り、一般の人には読めなくてもよい、難解な文字表現に「格調の高さ」を求める風潮が支配していました。

また、中国の文字改革で簡略化された簡体字の書体には、篆書、隷書，草書はありません。文化大革命直後は「簡体字」の普及の徹底で書道界に戸惑いがありました。

「漢字の意味体系性の否定」（白川静著『漢字百話』2002年9月、中公文庫）につながると危惧される簡体字では、李白、杜甫の漢詩の揮毫も感動は伝わりません。さりとて、繁体字の書作品は、“簡体字世代”には読めず、意味が通じません。

二律背反する書の世界の難問に、日本では書壇のトップ、文化勲章受章、芸術院会員の書家・村上三島先生の「流麗な筆致も字句が“読めて”初めて見る人の感動を呼ぶもの」と1993年来の提唱で、21世紀の漢字、書道文化の発展は『読めて、意味が分かる』ことが必須と方向づけられました。

それによって、「調和体」（漢字かな交じりの話し言葉）表現の作品が広がり、21世紀に入った第33回日展（日本で最も権威と伝統のある綜合美術展）書部門のジャンル別出品点数で21％（漢字は40％、かな33％、篆刻6％）に増えています。

パソコンの普及で近年減少傾向の書道愛好者（文化庁の推定では、日本の人口の10％、1200万人）への対応のひとつといえましょう。

一方、中国では、1992年、江沢民主席の言語文字工作について「書作品は芸術創作であり、繁体字で書くか簡体字で書くかは作者の風格と慣習を尊重すべきで、自由にしてよい」との重要意見がありました。

30余年間にわたり訪中100回、中国の書道事情に詳しい日展会員の書家、師村妙石氏によりますと「いま中国の書道作品の書体は『繁体字』で安定しています。古典書法を基礎に骨格の強さ、端正な厳しさがあり、新しい感覚を表現、作風を個性的に確立しています」と述べています。

師村氏自身も、篆刻の世界にコンピューターを活用し、方寸の芸術を巨大なニューアートへ展開、中国の書道界で「杷方寸的芸術向巨大的現代美術加以展開」と注目され、また韓国でも「字を浮き上がらせて“立体書道”を試みたり、抽象画を意識した斬新な書作品も創作されています」(師村氏の話)。

「読める書作品」への希求、「現代美術」への志向、「繁体字」への回帰……近年、東アジア漢字文化圏諸国でさまざまな模索が続いています。

本書冒頭の「中国で小・中・高校生1億2千万人の教科書の電子化プロジェクトが動き出す」など、ペーパーレス時代が到来したらどうなるのでしょうか、“リカバリー”策は？

漢字を一字一画、筆順も疎かにせず、手で繰り返し書いて覚えていた旧世代の“書き取り”教育はもう過去のことです。

2.　地球の潮目はアジア・漢字文化圏へ

21世紀になって世界の潮目は、欧米からアジアに代わり、中でも中国に向け、或いは中国から世界へ、「中流」が奔流のようになっています。

2003年の統計で、中国の名目ＧＤＰ（国内総生産）は1兆

4千億ドルで世界7位（「世界最大の発展途上国だが、国民1人当たり平均は世界111位」＝2004年10月のＧ7・主要7ヵ国財務相、中央銀行総裁会議の特別会議にゲスト出席の金人慶・財相のコメント）、貿易額は8,500億ドルで、3位の日本に並ぶ水準。2004年には1兆ドルとなって日本を抜く見通しです。

シンガポール建国の父、リー・キュアンユー上級相は、2004年6月「中国を学べ」と中国語教育構想を提案、成績上位の学生200人程度を毎年選抜して留学させ、中国語と文化を学ばせるという構想。1980年代には「日本に学べ」キャンペーンが盛んでしたが、中国経済の興隆とともに「手本」も移りつつある、と朝日新聞は報じています。

韓国では、小学生にまで中国語学習ブームが起きています。

アジアだけではありません。国際化時代は地球規模に広がり、2003年2月28日付朝日新聞は、次のエピソードを紹介しています。

北欧フィンランドの交通運輸省の高官が差し出した名刺には、漢字が印刷され、それも日本漢字ではなく中国語（簡体字）。「情報技術産業の売り込みで中国へ何度も出張しているので」と高官は語っています。

世界の工場、消費市場に

中国が1978年に「改革・開放」政策に転じてから、先進各国の企業の中国進出が著しくなり、世界の工場、巨大な消費市場になりました。例えば、自動車の生産台数は2004年には年間500万台に乗り、ドイツと肩を並べる世界3位の自動車大国になっています。

日本の対中国圏向け輸出が初めてアメリカを超え（財務省2003年貿易統計速報）、中国は、低迷が続いた日本の景気回復の「救世主」になり、世界の経済を牽引しています。

中国の豊富な労働力に支えられている進出企業の現地採用従業員とのコミュニケーション「言語」について「世界のトヨタ」に尋ねてみました。

同社は、中国「第一汽車（自動車）」との提携など中国・天津、四川、瀋陽で合弁の自動車生産を展開、さらに、広州汽車とも提携、合弁の「広州トヨタ自動車」を設立、2006年から南の広州でも中型乗用車の生産、販売会社を始めるなど、21 世紀になって急伸長しています。

上海など中国主要都市のメーンストリートに「丰田汽车(fēng tián qī chē/フォンティエン チーチョー)」の大きな看板を掲げています。

世界的な「ロゴ」はTOYOTAですが中国では「丰田汽车」を「俗称」にし、「部品名」「製品名」などの呼称は、ハンドルは「方向盘 fāngxiàngpán/ファン シアン パン」、タイヤは「轮胎 lúntāi/ルン タイ」などのように中国語を“共通言語”とし、日本からの派遣社員は「郷に入れば郷に従え」通り、まずは、中国語を研修してから、が第一歩だそうです。

「語学学習」の重要性

日本の少子化で近い将来、労働力不足を補うため「外国人労働者が現在の11倍必要」との長期予測もあります。「日流」「中流」「韓流」という言葉が“流行語”となるほど、相互交流も盛んになっています。

21世紀アジア新思考時代に、漢字を共通の母語とする東アジア漢字文化圏の国々で、それぞれの言語を理解しあう「語学学習」はますます重要になってきています。

韓国の純愛ドラマ「冬のソナタ」のヒットから2004年、日本で「韓流」ブームが巻き起こっています。ロケ地ツアーやハングルの学習熱が高まりました。

中国でも、1990年代後半に若者を中心に韓国のポップスやファッションが注目され始め、大衆文化に憧れを抱く人が増え、中国のマスメディアが、他の文化が厳しく入り込むという意味の「寒流」の同音異義語で、「韓流（はんりゅう）」と使い始め、「韓流」ブームがじわじわ広まった、とされます。「冬のソナタ」の主役「ヨン様」は、日本語も学び「言葉や文化を知ろうとすることは、相手の国への理解、愛の始まりだと思います」（2004年9月9日付朝日新聞「韓流五話」）と語っています。

文部科学省は、国際化に対応するには近隣のアジア諸国の言語をはじめ、英語以外の外国語教育も重視し、2002年度から「高校における外国語教育多様化推進地域事業」を展開し、中国語推進地域として神奈川県、兵庫県、和歌山県の3県、韓国・朝鮮語推進地域として大阪府の4府県を指定。また、財団法人、国際文化フォーラムの調査では、全都道府県で中国語教育に取り組んでいる高校数は536校、履修者数は1万8893人と年々増えています。

しかし、小渕内閣の「21世紀日本の構想」で「公的機関の刊行物は和英両語で作成、長期的には英語を第二公用語とする」答申に始まり、小泉内閣でも「『英語を使える日本人』育成のための戦略構想」「近い将来全国で小学校の英語教育必修化を検討」、構造改革の「英語教育特区」など英語花盛りに比べますと、中国語、韓国語など近隣アジア言語の教育は、まだまだ軽視されている感は否めません。国際語としての英語の「一語支配」は、文化と政治の多様性を阻害します。

東アジアには「漢字文化」が悠久の歴史を刻んで脈々と流れ、「論語」は生活の規範として、漢詩、漢文はかつて日本の知識階級のステータスであり、素養でしたが、今はそれらを指導できる人材を欠く状況です。

ハングルの70％は漢字語、その中には日本と共通するものがたくさんある。『まんが　漢字でハングル』と題する活用法の著書が光文社から刊行されています。

情報処理機器の進歩で、日→中、中→日、或いは日→韓、韓→日などの翻訳ソフトも開発され、携帯電話機能などとも連動して、日・中・韓の2ヵ国語を話すことができる「バイリンガル」な語学学習が推進されないものでしょうか……。

3.　あすへ——21世紀の漢字文化を考える

グローバリゼーションのIT時代、インターネットのウェブ上のコンテンツ（情報内容）に使用される言語の割合は、総務省平成15年度『情報通信白書』によりますと、英語68.4％、日本語5.9％、中国語3.9％、韓国語1.3％（2002年9月、グローバルリサーチ社資料から）です。

中国の台頭で「21世紀の国際語は中国語」とさえいわれていますが、今世紀初頭の時点では、アメリカとともに英語の存在は大きく、なお世界を動かす重要な言語でしょう。

ヨーロッパは2004年5月、中東欧などの10ヵ国が新加盟した「25ヵ国欧州連合（拡大EU）」がスタートしました。

アジアは21世紀になって「アジア新思考」「アジア地域共同体構想」「共通通貨」などの話題が聞かれるようになっています。「漢字」という地域融合の「接着剤」がありながらヨーロッパより50年遅れているといわれます。

本書を結ぶに当たって「21世紀の漢字」「東アジア漢字文化圏の課題」についての論評を拾い、考えてみました。

「21世紀に日本がなすべきことは、中国・朝鮮半島・日本列島に漢字文化圏を築くことだ。漢字文化は20世紀には社会の表面から退潮したが、消えたのではない。21世紀は深部から復活し、活性化し、新しい文化の基盤になり得るだろう。かつて中国の古典であった『論語』は、地域の國際的古典になるだろう。それこそが未来の文化の希望であり、文化の希望はまた長い平和の希望でもある」（2000年10月25日付、朝日新聞所載の評論家・加藤周一さんの「夕陽妄語」）。

「日本よ、東洋の理想を抱け。歴史を忘れた民族は滅びる。古典を学び、自分の国の文化、歴史を知る。それが新しい文化を生み出す根となり、国を建て直す基となる。漢字を通じて、東洋の理念をよみがえらせたい」（文芸春秋2004年2月号に、文化勲章受章、漢字の大御所、白川静・立命館大学名誉教授の「遥かなる東洋の思想　文字を奪われた日本人——93歳の碩学が説くこの国の文化と歴史の基」と題する特別寄稿）。

「二千載一遇」のチャンスだが……

中国の「平和的台頭」を提唱した「新日中友好21世紀委員会」の中国側座長、鄭必堅（zhèng bì jiān/ジォン ビー ジエン）氏は「周辺国に脅威を与えず発展をめざす中国の平和的台頭は生産力を発展させ、経済のグローバル化と結びつき、世界やアジア太平洋の平和と安定を目指す勢力になろうという考え方です。今のように日中両国が同時に栄えた時期は過去2000年の歴史にない。さらに、アジア全体の台頭への新局面とうまく付き合えば、千載一遇か、もっと貴重な『二千載一遇』のチャンスをものにできる」「そのカギを握るのは政治家。率直に言って、国民感情が冷え込む主な原因は歴史問題だ」（2004年5月11日付朝日新聞）などと指摘しています。

状況の皮肉

世界からアジアへ、中国への「時代の潮流」に乗り、日中韓、東アジアの「未来志向」をどう見出すか、21世紀の漢字文化圏の課題です。

加藤周一さんの「夕陽妄語」には「状況の皮肉」のタイトルがつけられ、「中国、朝鮮半島などにおいて、確乎たる方針がなく、現地住民の信頼を得るに至らない」日本のアジア外交の問題点を具体的に指摘し、「未来の文化の希望」を「夢物語」と嘆じて，コラムを締めくくっていました。

中国・重慶で2004年7月31日開催されたサッカー・アジアカップ準決勝の日本対ヨルダン戦で、「状況の皮肉」を実証するような地元市民が「反日感情」を噴出させた騒ぎが起きました。

日本のマスコミの報道によると――

重慶のスタンドには「歴史を直視し、アジア人民にお詫びし、釣魚島（尖閣列島・魚釣島の中国名）を返せ」と中国語と英語で書かれた大きな横断幕が掲げられ、約5万人の観衆のほとんどはヨルダンを応援し、日本選手のプレーの度にブーイング。勝利を喜ぶ日本人サポーターに罵声やゴミを投げつける。

観戦していた重慶市内の中国人男性大学生は「小泉首相の靖国参拝など日本政府に不満があり、こんなに何万人もの人と一緒に不満を表せる機会はなく、とても楽しい」と語る。

重慶市は日中戦争時に国民政府の臨時首都となり、日本軍の激しい爆撃で市民2万6千人が死傷（中国側資料）したなどで、中国の中でも反日感情の強い都市です。

過去の戦争など歴史問題やインターネット上の反日的な書き込みが相次いでいることが騒ぎの背景にあるとみられる――と。「反日騒ぎ」は済南、そして北京での「日中決勝戦」まで続きました。

2004年7月20日付朝日新聞は「小泉外交　中国を忘れていませんか」と題する社説で、日中間の政治的冷え込みの元は「小泉首相の靖国神社参拝。事態を改善しようという努力のあとも見られない」と批判しています。

そして、東南アジア連合諸国（ASEAN）からは、中国と政治対話できない日本に対して「地域における指導力を懸念する声が出ている」と指摘し、「首相はアジア外交という広い視野に立って、中国と正面から向き合ってほしい」と主張しています。

これらの提言を集約すると――

漢字は、コンピューターによって完全によみがえり、情報社会の“寵児”になりました。情報機器、通信手段などハードウェアの面では、世界の「IT大国」化を目指し、日中韓などの漢字文化圏諸国が競っています。

が、ソフトウェアの面での「状況の皮肉」は気がかりです。「漢字という共通財産を持つ人々は十数億人いるといわれています。そこで起こっている変化を踏まえ、情報伝達と漢字のあり方を、いろいろな角度から考えてみる時ではないか。漢字文化圏の国々に政府が呼びかけて、国際会議を開いてはどうだろう」（1999年7月4日付の朝日新聞社説）との論評も容易に実現しません。

日本の歴史認識、小泉首相の「靖国参拝問題」などが近隣諸国、なかでも中国と政治的信頼関係を損ねてきました。2004年11月22日、チリ・サンティアでの「日中首脳会談」で、胡錦濤・中国国家主席は「中日政治関係の停滞と困難の最大の原因」と参拝中止を要請（中国側の説明）。小泉首相は「今後、適切に対処していきたい」とじかに伝えた、と朝日新聞は報じています。

2004年4月21日付朝日新聞「AAN世界の窓」fromアジアネットワークにも、朝日新聞アジアネットワーク会長の孔魯明・韓国元外相は「指導者の出現を待つアジア」と題して「韓日中の間に存在するお互いの不信感を克服して、相互の信頼関係を育むことによってのみ地域共同体は築かれると思う」などと記述しています。

2004年現在、「政冷経熱」関係にある日中の冷え込んでいる「政治的課題」の対処は、これからの東アジア共同体、自由貿易協定などの構築に向けて、両国に韓国も手を携えて、「ホットな経済関係」同様になるような打開策が急がれます。

中国の三大文字改革に強力な政治手腕を発揮した毛沢東のようなリーダーの出現は、当面望めそうにありません。

世界の潮目がアジアに向けられる今世紀、「漢字」の存在はますます大きくなっています。

アジアの心と心をつなぎ、楽しく「漢字で“チャット”」して、新たな文明を創造する重要な役割を担って、さらなる「進化」をするよう希っています。

あとがき

本書『漢字で“チャット”』は、「ケータイ・コミュニケーション」が全盛期に入った2004年を中心に、漢字絡みの社会現象を「温故知新」的に追い求めた“おしゃべり”です。

「グローバリゼーション」、「インフォメーション・テクノロジー」、「ユビキタス」……。英語、カタナカ外来語、パソコン、電子メールが理解できなければ“時代遅れ”とそしられ、英語の「世界共通語化」への風潮の中で、漢字はどうなるのだろうか、コンピューター、インターネットなど情報技術の発達に漢字文化はどう適合していくだろうか——

1932年生まれ、シルバー世代の筆者は、まず「康熙字体」で漢字を学び、活字メディアのジャーナリストとして「当用・常用漢字」で原稿を書き、リタイア後始めた中国語学習で「簡体字、拼音」に難渋しました。「ツール」なる書写の“道具”は、紙に鉛筆、ボールペン書きから、パソコン、携帯電話のキーボードに打ち込む。日常会話、通信“手段”は、手紙、電話から「漢字で“話す”」携帯電話必携時代になっています。

漢字と漢字がもたらした文化をこよなく愛し、中国に魅せられてきた筆者にとっては、技術革新の「世変わり」ぶりに驚きと戸惑いの連続です。

本書執筆の出発点は、1995年10月、中国・長春を旅し、「偽・満州国歴史博物館」(旧・満州国皇居跡)を訪れ、入り口正面の壁に掲げられていた「前事之不忘、後事之師」(qián shì zhī bú wàng hòu shì zhī shī/ チエン シー ジー ブー ワン ホウ シー ジーシ＝以前にあった事を忘れないで心に留めておけば、後に物事を処理するときによい手本になる＝『戦国策』前漢・趙策：『中国名言名句の辞典』）と「勿忘“九,一八”」＝満州事変（中国では15年戦争）を忘れるな＝と書かれた江沢民・中国国家主席（当時）の揮毫との出会いでした。

偽・満州国と同じ年輪を重ね、“軍国少年”としての偏狭な皇国史観、中国蔑視の教育を受け、米軍の高松空襲で住家を焼かれる戦災体験などから、日本の中国侵略の暴挙と戦争の悲惨さを伝える「偽・満州国歴史博物館」の記録を参観して、暗くて重い歴史を直視、心の痛みを覚えました。

リタイア後、歴史認識をリカバリーすべく放送大学「人間の探究」コースを専攻，中国語を学び、「只有学好漢語、才能理解中国」のフレーズに触れました。

「新中国成立における文字改革——その役割と意義——」を座標軸に、20世紀後半から21世紀初頭にかけての「漢字文化」の変革ぶりを検証、「電脳活用の中国語学習」を体験しながら「中国理解」に努めました。

本書はその卒業論文を加筆、手直ししてまとめたものです。

21世紀初頭の漢字文化を取り巻く環境は、「時代の転換期」を感じさせるほど刻々に激動しています。

情報通信技術の革新のスピードは目まぐるしく、いまの漢字の「電脳対応」もすぐに“賞味期限”が切れて、本書も2、3年のうちには改訂を迫られる情勢になりそうです。

「電子出版」を同時刊行したのは、さらなる「進化」を観測し、続報を加筆、改訂し、簡便に紹介できる“受け皿”役を念じてのことです。

小渕内閣の「21世紀日本の構想」の国際対話能力の答申に、「公的機関の刊行物は和英両語で作成、長期的には英語を第二公用語とする」とあり、昨今、小学校の授業に「英語」導入が取り沙汰されています。

それも必要かもしれませんが、何か大事な「忘れ物」をしているように思えてなりません。

明治維新政府の文相となり、学校令の公布など教育制度の基礎を固めた森有礼が、米国在留中の1872年「英語を以て日本語に代えよ」と主張したのを、アメリカの言語学者、ホイットニー（William Dwight Whitney）から「言語はその民族の魂であり、歴史的産物である。安易に放棄するなど言ってはならない」と反対されたことがあります。

また戦後日本の「国字改革などの文教政策」の失敗論などとも照らして「前事之不忘、後事之師」は「歴史認識」を含め、過去に立ち向かおうとしない日本の風潮に対する箴言《しんげん》として聞こえてきます。

「学校で英語をいくら習っても、大人になることはかないません。英語の教科書をごらんなさい。『誰々が何時に起きました、何時に学校に行きました』というような、子どもっぽい文章ばかりが並んでいます。言葉を習うことが、人生の面白さを知る喜びにつながっていない。最近では、英語を第二公用語にせよ、とか、小学校から英語を学べ、といった声ばかり大きいようですが、そんな暇があったら『論語』を読んだほうがよっぽどよろしい」「文化は、無から創造できない。だから、日本人や東北アジアの人がつくってきた文化とか価値とか原理を簡単に捨てない方がいい。それに、言葉、日本語の問題。日本語を壊すことにも反対。日本語で考えること、表現できることは非常に豊かです。日本人は、まじめにものを考える時は日本語で考える。日本語能力が衰えることは思考能力が衰えることです」――など、漢字の大御所、白川静・立命館大学名誉教授や評論家加藤周一さんら識者の新聞・雑誌に展開された「漢字文化重視」の寄稿、提言が、本稿を閉じても脳裏から離れません。

本著執筆に当たりまして、わが国を代表する魯迅研究家で放送大学「中国の言語文化」講義の主任講師、丸尾常喜・大東文化大学教授＝現代中国文学専攻＝の指導、監修を仰ぎ、放送大学、佐賀大学、愛知・椙山女学園大学、中国・寧波大学、大連・東北財経大学などの先生方からの助言や国際漢字振興協議会、上海・魯迅記念館などから多くの資料提供を賜わりました。

また、朝日新聞社旧友、柳瀬陽之助氏、朝日新聞論説委員、五十川倫義氏（2000年6月～2004年8月まで、中国総局長）。放送大学の同窓生、伏見美佐子さん、遼寧師範大学日本語学部研究生、陶金さん、西日本日中旅行社の治田敏社長には共著に近いほどの協力をして頂きました。

「中国語ソフト」など情報通信機器の現況については㈱高電社＝大阪市阿倍野区＝ソフトウェア事業部、高京徹・課長の解説を受けました。

感謝、御礼申し上げます。

2004年12月

前田　晃

参考文献

さねとうけいしゅう著『増補・中国の文字改革』（1971年、くろしお出版）

倉石武四郎著『漢字の運命』（1966年、岩波新書）

遠藤紹徳著『早わかり中国簡体字』（1986年、国書刊行会）

橋本萬太郎、鈴木孝夫、山田尚勇編著『漢字民族の決断——漢字の未来に向けて』（1987年、大修館書店）

山本七平、中西進、鈴木孝夫ら編著『漢字文化を考える』（1991年、同）

蘇培成、尹斌庸編『中国の漢字問題』（1999年、同）

阿辻哲次著『漢字道楽』（2001年、講談社）

大野晋著『日本語の起源』（1994年、岩波新書）

『魯迅全集』第8巻（1984年、学習研究社）

『魯迅語録＝漢語』（1947年、上海聯益出版社）

『毛沢東選集第二巻＝漢語』（1991年、人民出版社出版、新華書店）

石井勲著『漢字興国論』（1992年、日本教文社）

「アジア新世紀シリーズ」第8巻『構想　アジア新世紀へ』（2003年、岩波書店）

加藤道理『字源物語』（1999年、明治書院）

『電脳文化と漢字のゆくえ　岐路に立つ日本語』（1998年、平凡社）

篠原一著『電脳日本語論』（2003年、作品社）

白川静著『漢字百話』（2002年、中公文庫）

白川静著『桂東雑記1』（2003年、平凡社）

『若者言葉辞典』（2004年、愛知・椙山女学院大学＝非売品）

高島俊男著『漢字と日本人』（2001年、文春新書）

金武伸弥著『新聞と現代日本語』（2004年、文春新書）

参考資料

『新華詞典』2001年修訂版／『広辞苑』／『大辞林』／白川静『字通』／『中国名言名句の辞典』／講談社『中日辞典』／小学館編『中日／日中辞典』／SEIKO「電子辞書」／2002年「中国IT白書」／平成15年度「情報通信白書」／同「文部科学白書」／「古代日本の文字のある風景—金印から正倉院文書まで—」展図録／パソコン用語明快辞典／朝日新聞／毎日新聞／読売新聞／日経産業新聞／人民日報／『世界年鑑』2000年、2001年版／『知恵蔵』2003／雑誌「文芸春秋」2004年2月＆5月号／雑誌「世界」2000年6月号／「中央公論」1999年6月号／インターネットの「yahoo」「google」検索／「国際漢字会議」の記録など。

著者プロフィール

前田 晃（まえだ あきら）

1932年11月、香川県高松市生まれ。朝日新聞社西部本社社会部記者、同部次長、松山、山口支局長、西部本社企画部長を経て、朝日新聞社の生涯学習事業の朝日カルチャーセンター（西部）に出向。社長在任中に「日中友好蘭亭書道聯展」を杭州、大連、長春、上海の各市で開催するなど日中文化交流事業を展開する。
訪中20回、旅順、盧溝橋、南京、上海、杭州、長春、ハルピンなど日中、日露戦争の戦跡、記念館を歴訪。退任後、放送大学教養学部「人間の探究」専攻で中国の歴史、文化、思想、中国語などを重点に再学習、2002年３月卒業、同大学大学院文化科学研究科の修士科目生として「中国の言語と文化」、「地域文化研究――東アジア歴史像の構成」を履修。中国・長春市の東北師範大学漢語教学中心にも短期留学。
『進化する漢字文化～新中国「文字改革」半世紀の歩み～』（日本僑報社、2002年刊）＝絶版、共著（和田敏彦、宮田昭）に『石炭史話』（謙光社、1970年刊）、編共著（中村大別、野中正治、小飯塚一也）『宇部石炭史話』（朝日文化センター、1981年刊）などがある。
福岡県筑紫野市在住。

漢字で“チャット”　ケータイ・コミュニケーションの新展開

2005年2月15日　初版第１刷発行

著　者　前田 晃
発行者　瓜谷 綱延
発行所　株式会社文芸社
〒160-0022　東京都新宿区新宿1－10－1
電話　03-5369-3060（編集）
03-5369-2299（販売）

印刷所　神谷印刷株式会社

ISBN4-8355-8605-0